*Image*
*02*

# 聖經新約圖畫史詩
## 百年來最值得珍藏的

編　製——柿子文化
內頁插圖——古斯塔夫・杜雷 (Gustave Doré)

Image 02

# 百年來最值得珍藏的聖經新約圖畫史詩：
## 杜雷插畫經典再現最動人的基督故事

繪　　圖　古斯塔夫‧杜雷（Gustave Doré）
編　　製　柿子文化
翻譯協助　林許迦恆
封面設計　玉　堂
主　　編　劉信宏
總 編 輯　林許文二

出　　版　柿子文化事業有限公司
地　　址　11677臺北市羅斯福路五段158號2樓
業務專線　（02）89314903#15
讀者專線　（02）89314903#9
傳　　真　（02）29319207
郵撥帳號　19822651柿子文化事業有限公司
投稿信箱　editor@persimmonbooks.com.tw
服務信箱　service@persimmonbooks.com.tw

業務行政　鄭淑娟‧陳顯中

初版一刷　2020年12月
定　　價　新臺幣399元
I S B N　978-986-99409-5-5

國家圖書館出版品預行編目(CIP)資料

百年來最值得珍藏的聖經新約圖畫史詩：杜雷插
畫經典再現最動人的基督故事 / 古斯塔夫‧杜雷
（Gustave Doré）繪圖；柿子文化編製. -- 一版. --
臺北市：柿子文化, 2020.12
　面；　公分. -- (Image；2)
ISBN 978-986-99409-5-5(平裝)

1.宗教藝術 2.聖經 3.版畫 4.畫冊

244.6　　　　　　　　　　　　　　109017337

# 讀文看畫，靈性昇華

自有《聖經》以來，畫家每每受到感動，就做起畫來，因為功夫到家，畫作也跟著《聖經》一起不朽。

現今的世代，看圖的人，多過於看文字的人。出版社給小孩子看的書，大多也藉由「看圖識字」的方式出版。現在網路的資訊一大堆，有短文又有圖，也成了新興吸引讀者觀覽的最佳方式。

柿子文化這兩本圖畫史詩，都有短文和插圖，可以讓讀者在圖文對閱之後，生出靈感與省思。

例如，新約史詩這本的第 50 頁，平靜風海的圖文，就像極了我所輔導受刑人的經歷。他們的人生能「逆轉勝」，是因在風暴（Storm）之中懂得呼求救主（Savior）耶穌，就蒙了拯救（Saved）。

但願讀者能從「天下第一大經」──《聖經》，得到啟示，並且從插畫中體會經文的真意，進而願意信靠聖經中的主角，也就是愛人類，替世人死在十字架上的耶穌，讓我們的一生，因有神的祝福與同在，靈性得以昇華。

──黃明鎮牧師，更生團契總幹事

# 前言：開拓新視野，看見不一樣的《聖經》

如果要提列出對人類影響最深的書籍，《聖經》絕對是其中一本。因為迄今為止，《聖經》已是世界上印刷發行量最多、最廣、翻譯語文種類最多的書籍，甚至聯合國也公認，《聖經》是對人類影響最大、最深的一本書。

這部希伯來民族文化古老經籍，之所以對全世界具備了不容忽視的影響力，主要是它記載了古代中東乃至南歐一帶，關於民族、社會、政治、軍事等多方面情況和風土人情，其中所蘊含的哲學和神學觀念，更是隨著基督教的宣揚傳播，對全世界（尤其是西方世界）社會的發展、意識形態和文化習俗帶來了巨大影響，說它是人類早期生活和思想的「文化母本」、西方「道德教育的寶庫」，一點也不為過。

然而，《聖經》不僅僅在民族、社會、政治有著莫大影響力，更在文學、美術、建築、音樂等等方面成為創作的源泉。

《聖經》本身就是一部重要的文學作品，它在歐洲文學史上絕對佔有一席不容忽視的地位，從歐洲文學史上的許多偉大作品裡，我們便可看到不少《聖經》的「影子」，如英國作家彌爾頓（John Milton）的長篇史詩《失樂園》、班揚（John Bunyan）的《天路歷程》，俄羅斯作家托爾斯泰（Leo Tolstoy）的《復活》等。甚至有人計算過，莎

士比亞（William Shakespeare）的作品中有五百多個概念和用語，是直接引自《聖經》，而狄更斯（Charles Dickens）也說過：「《聖經》過去是，現在是，將來永遠都是世界上最好的一本書。」近代的 C. S. 路易斯（Clive Staples Lewis）的《納尼亞傳奇》更是受到了《聖經》的影響。

文學是如此受影響，而藉由宗教的力量，在繪畫藝術方面《聖經》的影響更是無遠弗屆。歷史上諸多的藝術家以《聖經》為題材，創作出了許多殿堂等級的藝術作品，如米開朗基羅（Michelangelo Buonarroti）根據《聖經》中的創世之說，創作出了《創造亞當》；再如德國畫家丟勒（Albrecht Durer），他的代表作《祈禱之手》相信你印象深刻；林布蘭（Rembrandt van Rijn）的《浪子回

家》，則是根據《聖經》的四福音書創作的。我們還可以找出更多和《聖經》有關的繪畫作品，它們不僅在政教上具有一定地位，在藝術教化人心方面，也豐富了很多人的精神生活。

而在所有的《聖經》藝術創作中，十九世紀古斯塔夫‧杜雷的繪本《聖經》受到了極高的推崇，美國哈姆林大學（Hamline University）藝術史教授艾妲‧奧達（Aida Audeh）便稱其作品為「視覺與想像力的結合」，中國大陸學界更讚譽為「史上最偉大的文圖絕配」。

杜雷從小就非常喜愛繪畫，一路從摹仿報刊上的幽默諷刺畫走上了藝術之路。他從一八五四年開始，為世界文學名著繪製木刻插圖，相繼推出《拉伯雷作品集》、《巴爾扎克短篇詼諧小說集》、《神曲》、《大型對開本聖經》、《拉封丹寓言》、《唐吉軻德》等作品，受到大眾的喜愛，在木刻版插圖領域他顯得如魚得水，悠游自在，顯現出不可多得的藝術天賦。

杜雷為《聖經》所繪製的系列插圖，最初始是為一八四三年以法文出版的《聖經》作配圖，而於一八六六年巴黎首版發行法文版本，隔年隨即被譯成英文在倫敦發行出版，當時共收入插圖 229 幅。

隨後幾年，各種版本陸續出現，並風靡了整個基督教世界。甚至一個多世紀後，它在許多國家仍不斷被再版重印，影響力歷久不衰。

本書以杜雷的《聖經》繪圖本為主，從中擷取收錄〈新約〉部分，插圖共 73 幅，並依據圖像收錄《聖經》中相關故事的篇章，註明原典章節出處，並附上簡單圖畫說明，讓讀者能一窺杜雷創作的用心，進而理解《聖經》的精神。

雖然在《百年來最值得珍藏的聖經舊約圖畫史詩》中，杜雷透過一定程度考古學的參考，讓整部敘事史詩某些具紀念意義的背景特徵上得到增強，但在此部〈新約〉的作品中，他對耶穌的生命、激情與死亡的描繪，反而將注意力更多地集中在屬於人的戲劇效果上。可以說，杜雷在《百年來最值得珍藏的聖經新約圖畫史詩》中所要強調的是「人性」與「神性」的結合。

當然，我們在此部作品中，仍可看到不少當時歷史事實的遺跡，例如在「保羅在安提阿傳道」（p145）畫作中，摩爾式風格的窗戶便出現在背景中，在耶穌和他的使徒居住聖地、各地傳道的年代裏，這種建築形式的發展已經有好幾個世紀了。

而且，即便《百年來最值得珍藏的聖經新約圖畫史詩》中的圖畫僅佔他整部《聖經》畫作約三分之一的份量，但根據原始圖畫編成書籍的編輯阿爾弗雷德‧馬梅（Alfred Mame）的說法，證明杜雷花了大量時間來處理和重塑《聖經‧新約》中的場景，其中有 21 幅圖畫至少構思了兩次。

在「逃往埃及」的最初版本中（現存於斯特拉斯堡現代藝術博物館），神聖家族緊鄰於黑暗樹叢的前景中，但在這部版本中，這個逃亡家族反而奔走在一個空無一人的風景中（見圖 1）。

「比拉多的審判」在第一版中，科林斯式大柱子將整個暴動混亂框了起來（現存

圖1(左)
圖2(右)

於斯特拉斯堡現代藝術博物館），與這部版本中的「安靜」氛圍有著極大區別（見圖2）。

杜雷的繪畫風格主要是以現實主義為主，所以他所繪的人物都散發著蓬勃的生命力，外表往往給人強健壯實、氣力過人的健康形象，如「耶穌呼召門徒」（p43）中打魚的場面、「背負十字架的耶穌」（p109）裏西門的臂力、「為小孩祝福」（p79）中那些渾圓飽滿、充沛生命力的孩子等等。

然而，杜雷的畫也有著浪漫主義的想像和誇張，在某些超現實情節或特殊的場景，如「耶穌在海上行走」（p61）、「復活的拉撒路」（p83）、以及〈啟示錄〉中一系列的作品等，都可看到。在〈啟示錄〉「揭開密封之印」（p155）的畫面中，我們看到死神率領著眾魔物從天而降，那種凜冽的氣勢，教人不禁悚然一驚，由心底升起恐懼之感。

在構圖上，杜雷非常善於利用物體的疏密間距，以及光影的處理，將讀者的目光吸引到畫面的焦點上。而其筆法之細膩，往往讓人一看就愛上了，在一八八〇年的版本中（由塔爾伯特‧錢伯斯〔Talbot W. Chambers〕所撰述），將之尊崇並視為「藝術家一生中最偉大、最偉大的插圖作品」，實在無可厚非。

以上這些，都是杜雷的《聖經》插圖之所以煥發出生命活力，獲得永恆藝術魅力價值的原因。現在，就讓我們一起走入此一聖境吧！

# 一本完美、獨一無二的聖畫集
## 美國 1891 年版序文

如書名所述，這本畫冊是一本圖解聖經的版畫集合—由現代最棒的繪圖師，古斯塔夫‧杜雷全程使用鉛筆繪製而成。

至於這些版畫的原作，是由對這些畫作有極大興趣、且有能力支付並收藏的人擁有，且自從初版以來，畫冊人氣絲毫沒有降低的趨勢，甚至吸引了與此畫冊只有一面之緣、或只看過部分片段的人來購買。

然而，就整體來說，此作品集對於杜雷先生龐大的粉絲而言，仍然太貴了，因此為了滿足粉絲們極大的需求，並希望為喜愛藝術的神學院學生在課程上提供大量的參考與精美聖畫，這本書便這樣誕生了。

本書的目的是為了介紹一些大眾對聖經較有興趣的主題，如與聖經相關的重要人物或事件，也就是讀者們最熟悉不過的故事，而版畫的內容也是選自美國人普遍喜愛的故事。

每一張圖前面都有一整頁的介紹，以記敘文寫成的版畫故事內容大意。

在完成此書的過程中，除了出版社與編輯部的人員外，也有許多藝術家與學者無私的提供意見與監督過程；雖然他們對於此工作並無直接興趣或利益，但仍然非常慷慨的提供幫助，並不時的關心此書的完成進度。

此書被寄予了重大的期望，出版與編輯工作也進行得非常縝密，因此當本書出版之時，終於沒有辜負大眾的期待。

不管是對那些友善且慷慨的贊助商來說，或是希望擁有此書的讀者們，本書都將是一本完美的、獨一無二的聖畫精選集。

**美國貝爾福德 - 克拉克出版公司**（BELFORD-CLARKE CO., publishers.）

# 目錄 CONTENTS

**聲明**
為因應現代人的理解，能符合基督教友及大眾的閱讀需求，本書摘錄之經文，選擇以多數人所推薦的「和合本修訂版」。

誕生與成長

# 預言耶穌的降生

路加福音 1 26-38

　　到了第六個月，天使加百列奉上帝的差遣往加利利的一座城去，這城名叫拿撒勒，到一個童女那裏，她已經許配大衛家的一個人，名叫約瑟；童女的名字叫馬利亞。天使進去，對她說：「蒙大恩的女子，你好，主和你同在！」

　　馬利亞因這話就很驚慌，又反覆思考這樣問候是甚麼意思。 天使對她說：

　　「馬利亞，不要怕，你在上帝面前已經蒙恩了。你要懷孕生子，要給他起名叫耶穌。他將要為大，稱為至高者的兒子；主上帝要把他祖先大衛的王位給他。他要作雅各家的王，直到永遠；他的國沒有窮盡。」

　　馬利亞對天使說：「我沒有出嫁，怎麼會有這事呢？」

　　天使回答她說：「聖靈要臨到你身上；至高者的能力要庇蔭你，因此，那要出生的聖者要稱為上帝的兒子。況且，你的親戚伊利莎白，就是那素來稱為不生育的，在年老的時候也懷了男胎，現在懷孕六個月了。因為，出於上帝的話，沒有一句不帶能力的。」

　　馬利亞說：「我是主的使女，願意照你的話實現在我身上。」於是天使離開她去了。

\*\*\*

　　這是預告上帝之子將降世的重要一刻。天使加百列手持馨花在神聖光輝中臨於馬利亞身旁，向她宣告此消息，而貞潔的馬利亞面對著天使，僅僅雙手環胸略顯驚疑之色。

# 馬槽裏的救世主

路加福音 2 4-20

約瑟也從加利利的拿撒勒城上猶太去,到了大衛的城名叫伯利恆,因為他是大衛家族的人,要和他所聘之妻馬利亞一同登記戶籍。那時馬利亞已經懷孕。他們在那裏的時候,馬利亞的產期到了,就生了頭胎的兒子,用布包起來,放在馬槽裏,因為客店裏沒有地方。

在伯利恆的野外有牧羊人,夜間值班看守羊群。有主的一個使者站在他們旁邊,主的榮光四面照著他們,牧羊人就很懼怕。

那天使對他們說:「不要懼怕!看哪!因為我報給你們大喜的信息,是關乎萬民的:因今天在大衛的城裏,為你們生了救主,就是主基督。你們要看見一個嬰孩,包著布,臥在馬槽裏,那就是給你們的記號。」

忽然,有一大隊天兵同那天使讚美上帝說:

「在至高之處榮耀歸與上帝!在地上平安歸與他所喜悅的人!」

眾天使離開他們,升天去了。牧羊人彼此說:「我們往伯利恆去,看看所成的事,就是主所告訴我們的。」他們急忙去了,找到馬利亞和約瑟,還有那嬰孩臥在馬槽裏。他們看見,就把天使論這孩子的話傳開了。聽見的人都詫異牧羊人對他們所說的話。馬利亞卻把這一切的事存在心裏,反覆思考。

牧羊人回去了,因所聽見所看見的一切事,正如天使向他們所說的,就歸榮耀於上帝,讚美他。

\*\*\*

這裏表現了一個母親和孩子的迷人形象,他們被聚集的眾人與動物包圍著,每個人臉上充滿了崇拜和驚訝,牧羊人則是被天使召喚來觀看這一偉大的景象。

# 東方的星星

馬太福音 2 1-12

在希律作王的時候，耶穌生在猶太的伯利恆。有幾個博學之士從東方來到耶路撒冷，說：「那生下來作猶太人之王的在哪裏？我們在東方看見他的星，特來拜他。」

希律王聽見了，就心裏不安；耶路撒冷全城的人也都不安。他就召集了祭司長和民間的文士，問他們：「基督該生在哪裏？」他們說：「在猶太的伯利恆。因為有先知記著：『猶大地的伯利恆啊，你在猶大諸城中並不是最小的；因為將來有一位統治者要從你那裏出來，牧養我以色列民。』」

於是，希律暗地裏召了博學之士來，查問那星是甚麼時候出現的，就派他們往伯利恆去，說：「你們去仔細尋訪那小孩子，找到了就來報信，我也好去拜他。」他們聽了王的話就去了。

忽然，在東方所看到的那顆星在前面引領他們，一直行到小孩子所在地方的上方就停住了。他們看見那星，就非常歡喜；進了房子，看見小孩子和他母親馬利亞，就俯伏拜那小孩子，揭開寶盒，拿出黃金、乳香、沒藥，作為禮物獻給他。因為在夢中得到主的指示，不要回去見希律，他們就從別的路回自己的家鄉去了。

\*\*\*

圖片中高貴的隊伍緩緩前進著，而在他們面前，那顆在天空中閃閃發光的星星正是他們的嚮導。

故事中提到了希律王的恐懼不安與陰謀，他想要除去那個傳聞中可能取代他的王，但受命訪查的博學之士，在找到耶穌之前，已得到上帝的夢境警告，於是在見過耶穌之後，未回覆希律王便繞行別路返家。

# 逃往埃及

馬太福音 2  13-15

　　他們走後，忽然主的使者在約瑟夢中向他顯現，說：「起來！帶著小孩子和他母親逃往埃及，住在那裏，等我的指示；因為希律要搜尋那小孩子來殺害他。」

　　約瑟就起來，連夜帶著小孩子和他母親往埃及去，住在那裏，直到希律死了。這是要應驗主藉先知所說的話：「我從埃及召我的兒子出來。」

＊＊＊

　　未得到博學之士的回覆，希律王不知耶穌的所在，於是下令誅殺全國的幼兒，引發了一場殘酷的大屠殺（見下一篇），也因此而有約瑟得夢中警示，攜帶馬利亞與耶穌連夜逃亡。

　　這正是一幕逃亡的畫面，約瑟帶著馬利亞與襁褓中的耶穌，一路往埃及奔逃而去。倉促的逃亡，僅僅以一頭驢子乘載著母子二人，而約瑟與馬利亞則表現出惶惶不安的感覺，一個回望來時路，一個遠眺迢迢去路。

# 殘忍的大屠殺

馬太福音 2 16-18

　　希律見自己被博學之士愚弄，極其憤怒，差人將伯利恆城裏和四境所有的男孩，根據他向博學之士仔細查問到的時間，凡兩歲以內的，都殺盡了。

　　這就應驗了耶利米先知所說的話：

　　「在拉瑪聽見號咷大哭的聲音，是拉結哭她兒女；她不肯受安慰，因為他們都不在了。」

＊＊＊

　　約瑟帶著一家人逃往埃及了，惱怒的希律王下達了屠殺令，他寧可錯殺，也不願放過那預言中的可能。於是，呈現了這個殘酷的場景，士兵大肆撲殺幼兒，甚至殺到必須把刀劍上的鮮血擦拭掉，而母親們或奮勇維護，或無望衰頹而坐，這樣的場面實在教人不忍。

# 聖殿裏的少年

路加福音 2 41-51

　　每年逾越節，他父母都上耶路撒冷去。當他十二歲的時候，他們按著過節的規矩上去。守滿了節期，他們回去，孩童耶穌仍舊在耶路撒冷。他的父母並不知道，以為他在同行的人中間，走了一天的路程才在親屬和熟悉的人中找他，既找不著，就回耶路撒冷去找他。

　　過了三天，他們發現他在聖殿裏，坐在教師中間，一面聽，一面問。凡聽見他的人都對他的聰明和應對感到驚奇。他父母看見就很驚奇。

　　他母親對他說：「我兒啊，為甚麼對我們這樣做呢？看哪，你父親和我很焦急，到處找你！」

　　耶穌對他們說：「為甚麼找我呢？難道你們不知道我應當在我父的家裏嗎？」

　　他所說的這話，他們不明白。他就同他們下去，回到拿撒勒，並且順從他們。他母親把這一切的事都存在心裏。

***

很難教人相信的一個場景啊！

　　這是聖殿中的一個角落，少年耶穌右手撫心，左手舉起伸出手指，頭順著手指的方向看去，一副侃侃而談的樣貌。一群賢者或坐或站地圍繞著他，十分專注地聆聽耶穌的話語。前方地上則放置著許多卷軸紙頁與書本，顯示這是一處充滿智慧的場所。

# 施洗約翰傳道
馬可福音 1 1-8

上帝的兒子，耶穌基督福音的起頭。

正如以賽亞先知書上記著：「看哪，我要差遣我的使者在你面前，他要為你預備道路。在曠野有聲音呼喊著：預備主的道，修直他的路。」

照這話，施洗約翰來到曠野，宣講悔改的洗禮，使罪得赦。

猶太全地和全耶路撒冷的人都出去，到約翰那裏，承認他們的罪，在約旦河裏受他的洗。約翰穿駱駝毛的衣服，腰束皮帶，吃的是蝗蟲和野蜜。他宣講，說：「有一位在我以後來的，能力比我更大，我就是彎腰給他解鞋帶也不配。我用水給你們施洗，他卻要用聖靈給你們施洗。」

\*\*\*

約翰是上帝恩典的一個見證，他來到約旦河傳播福音，實現了以賽亞先知的話。由於約翰以各式各樣的方法來規勸人民、宣傳福音，所宣傳的話語十分生活化，相當簡易，所以受到大眾的接受，並踴躍的接受他的洗禮。

然而，此時的他並不知道那位以聖靈來為眾人施洗的大能者是誰。圖畫中，我們由近到遠處，可看到各樣的人全都朝約翰聚集而來。

# 耶穌受洗

馬太福音 3　13-17

　　當時，耶穌從加利利來到約旦河，到了約翰那裏，請約翰為他施洗。

　　約翰想要阻止他，說：「我應該受你的洗，你怎麼到我這裏來呢？」耶穌回答他：「暫且這樣做吧，因為我們理當這樣履行全部的義。」於是約翰就依了他。

　　耶穌受了洗，隨即從水裏上來。天忽然為他開了，他看見上帝的靈降下，彷彿鴿子落在他身上。這時，天上有聲音說：「這是我的愛子，我所喜愛的。」

＊＊＊

　　當約翰看到聖靈降到耶穌身上時，他才知道那位引領大家走向正信之路的大能者已然出現在眼前，此後約翰便為耶穌作見證。

　　我們在此看到耶穌立於水中，約翰站在岸邊高處為耶穌施洗，遠方的天空整個明亮起來，有光線直射而下，上帝的靈以一隻鴿子的形象，隨著天光飛翔而下。

# 耶穌受試探
路加福音 4 1-13

耶穌滿有聖靈，從約旦河回來，聖靈把他引到曠野，四十天受魔鬼的試探。

在那些日子，他沒有吃甚麼，日子滿了，他餓了。魔鬼對他說：「你若是上帝的兒子，叫這塊石頭變成食物吧。」

耶穌回答：「經上記著：『人活著，不是單靠食物。』」

魔鬼又領他上了高山，霎時間把天下萬國都指給他看，對他說：「這一切權柄和榮華我都要給你，因為這原是交給我的，我願意給誰就給誰。你若在我面前下拜，這一切都歸你。」

耶穌回答他說：「經上記著：『要拜主——你的上帝，惟獨事奉他。』」

魔鬼又領他到耶路撒冷去，叫他站在聖殿頂上，對他說：「你若是上帝的兒子，從這裏跳下去！因為經上記著：『主要為你命令他的使者保護你；他們要用手托住你，免得你的腳碰在石頭上。』」

耶穌回答他說：「經上說：『不可試探主——你的上帝。』」

魔鬼用完了各樣的試探，就離開耶穌，再等時機。

＊＊＊

這是一場試煉，我們看到了耶穌立於遠離城市的高山上，山地荒蕪，僅有幾棵小草，魔鬼蹲踞在耶穌身旁，手伸向下方的大地與城市，他看著耶穌，彷彿在說：「你若在我面前下拜，這一切都歸你。」而耶穌只是撇開頭，不予理會。

# 迦拿的婚禮
約翰福音 2  1-12

　　第三日，在加利利的迦拿有一個婚宴，耶穌的母親在那裏。耶穌和他的門徒也被請去赴宴。

　　酒用完了，耶穌的母親對他說：「他們沒有酒了。」耶穌說：「母親，我與你何干呢？我的時候還沒有到。」他母親對用人說：「他告訴你們甚麼，你們就做吧。」

　　照猶太人潔淨禮的規矩，有六口石缸擺在那裏，每口可以盛兩三桶水。耶穌對用人說：「把缸倒滿水。」他們就倒滿了，直到缸口。耶穌又說：「現在舀出來，送給宴會總管。」他們就送了去。

　　宴會總管嘗了那水變的酒，並不知道是哪裏來的，只有舀水的用人知道。於是宴會總管叫新郎來，對他說：「人家都是先擺上好酒，等客人喝夠了才擺上次的，你倒把好酒留到現在！」

　　這是耶穌所行的第一個神蹟，是在加利利的迦拿行的，顯出了他的榮耀來，他的門徒就信他了。

　　這事以後，耶穌與他的母親、兄弟和門徒都下迦百農去，在那裏住了不多幾天。

***

這是第一個神蹟，就在一場婚禮中。

我們看到耶穌與眾人同坐在臺階上的婚宴席中，而近處的總管與僕人們，正對著水缸議論不已。

畫家在此所表現的建築、場景，都是有人文地理及歷史考究的，平台上坐著來參加婚禮的賓客，周邊及台下僕人們則隨侍忙碌著。

# 耶穌和撒瑪利亞婦人談道

約翰福音 4　1-30

　　耶穌知道法利賽人聽見他收門徒比施洗約翰還多（其實不是耶穌親自施洗，而是他的門徒施洗），他就離開猶太，又回加利利去。他必須經過撒瑪利亞，於是到了撒瑪利亞的一座城，名叫敘加，靠近雅各給他兒子約瑟的那塊地。雅各井就在那裏；耶穌因旅途疲乏，坐在井旁。那時約是正午。

　　有一個撒瑪利亞婦人來打水。耶穌對她說：「請給我水喝。」因為那時門徒進城買食物去了。撒瑪利亞婦人對他說：「你是猶太人，怎麼向我一個撒瑪利亞女人要水喝呢？」因為猶太人和撒瑪利亞人沒有來往。耶穌回答她說：「你若知道上帝的恩賜，和對你說『請給我水喝』的是誰，你早就會求他，他也早就會給了你活水。」婦人對耶穌說：「先生，你沒有打水的器具，井又深，哪裏去取活水呢？我們的祖宗雅各把這井留給我們，他自己和兒女以及牲畜都喝這井裏的水，難道你比他還大嗎？」耶穌回答，對她說：「凡喝這水的，還要再渴；誰喝我所賜的水，就永遠不渴。我所賜的水要在他裏面成為泉源，直湧到永生。」婦人對他說：「先生，請把這水賜給我，使我不渴，也不用到這裏來打水。」

　　耶穌對她說：「你去，叫你的丈夫，再到這裏來。」婦人回答，對耶穌說：「我沒有丈夫。」耶穌說：「你說沒有丈夫是對的。你已經有過五個丈夫，你現在有的並不是你的丈夫。你這話是真的。」婦人對他說：「先生，我看你是一位先知。我們的祖宗在這山上敬拜上帝，你們倒說，應當敬拜的地方是在耶路撒冷。」耶穌對她說：「婦人，你要信我。時候將到，你們敬拜父，既不在這山上，也不在耶路撒冷。你們所敬拜的，你們不知道；我們所敬拜的，我們知道，因為救恩是從猶太人出來的。時候將到，現在就是了，那真正敬拜父的，要用心靈和誠實敬拜他，因為父要這樣的人敬拜他。上帝是靈，所以敬拜他的必須用心靈和誠實敬拜他。」婦人對他說：「我知道彌賽亞——就是那稱為基督的——要來；他來了，會把一切的事都告訴我們。」耶穌對她說：「我就是，正在跟你說話呢！」

　　正在這時，門徒回來了。他們對耶穌正在和一個婦人說話感到驚訝，可是沒有人說：「你要甚麼？」或說：「你為甚麼和她說話？」那婦人留下水罐，往城裏去，對眾人說：「你們來看！有一個人把我素來所做的一切事都說了出來，難道這個人就是基督嗎？」他們就出城，來到耶穌那裏。

＊＊＊

　　耶穌坐在雅各之井旁，對著那婦人侃侃而談，而婦人則饒有興致地半靠著井邊，聽著耶穌的話語。周邊的景物是繁榮的，遠處正有頂著水瓶的婦人影像。

# 耶穌的話未被信任

馬太福音 13 53-58

　　耶穌說完了這些比喻，就離開那裏，來到自己的家鄉，在會堂裏教導人，以致他們都很驚奇，說：「這人哪來這樣的智慧和異能呢？這不是那木匠的兒子嗎？他母親不是叫馬利亞嗎？他兄弟們不是叫雅各、約瑟、西門、猶大嗎？他姊妹們不是都在我們這裏嗎？他這一切是從哪裏來的呢？」他們就厭棄他。

　　耶穌對他們說：「先知除了在本鄉和自己的家之外，沒有不被尊敬的。」耶穌因為他們不信，沒有在那裏行很多異能。

＊＊＊

　　回到故鄉的耶穌，利用會所的集會機會向眾人教授真理，他的話語內容是如此真切、清新而獨創，但這樣的智慧卻因為耶穌的出身而不被信任。

　　圖畫裏，在這所眾人聚集的室內，大家圍繞著耶穌，凝神傾聽他的演說，但眼神都透露著質疑的神采。

# 赦免罪婦

路加福音 7 36-50

　　有一個法利賽人請耶穌和他吃飯，耶穌就到那法利賽人家裏去坐席。那城裏有一個女人，是個罪人，知道耶穌在法利賽人家裏坐席，就拿著盛滿香膏的玉瓶，站在耶穌背後，挨著他的腳哭，眼淚滴濕了耶穌的腳，就用自己的頭髮擦乾，又用嘴連連親他的腳，把香膏抹上。

　　請耶穌的法利賽人看見這事，心裏說：「這人若是先知，一定知道摸他的是誰，是個怎樣的女人；她是個罪人哪！」耶穌回應他說：「西門，我有話要對你說。」西門說：「老師，請說。」耶穌說：「有兩個人欠了某一個債主的錢，一個欠五百個銀幣，一個欠五十個銀幣。因為他們無力償還，債主就開恩赦免了他們兩個人的債。那麼，這兩個人哪一個更愛他呢？」西門回答：「我想是那多得赦免的人。」耶穌對他說：「你的判斷不錯。」

　　於是他轉過來向著那女人，對西門說：「你看見這女人嗎？我進了你的家，你沒有給我水洗腳，但這女人用眼淚滴濕了我的腳，又用頭髮擦乾。你沒有親我，但這女人從我進來就不住地親我的腳。你沒有用油抹我的頭，但這女人用香膏抹我的腳。所以我告訴你，她許多的罪都赦免了，因為她愛的多；而那少得赦免的，愛的就少。」

　　於是耶穌對那女人說：「你的罪都赦免了。」同席的人心裏說：「這是甚麼人，竟赦免人的罪呢？」耶穌對那女人說：「你的信救了你，平安地回去吧！」

＊＊＊

　　這幅插圖展示了一個女子，在一個陰沉可怕的環境中向骷髏觀注致禮。

　　杜雷的這幅圖畫歷來有著極大的爭議，有許多版本指稱這幅圖是畫抹大拉的馬利亞，是耶穌死後復活第一個出現在他面前的人，不該將此形象的女人誤認為是此篇所指稱的罪婦。

　　但是否可以這樣說，杜雷其實是想藉由此形象，來表達只要心存愛與真心的懺悔，即令身處幽暗冷酷之境，也是無所畏懼的。

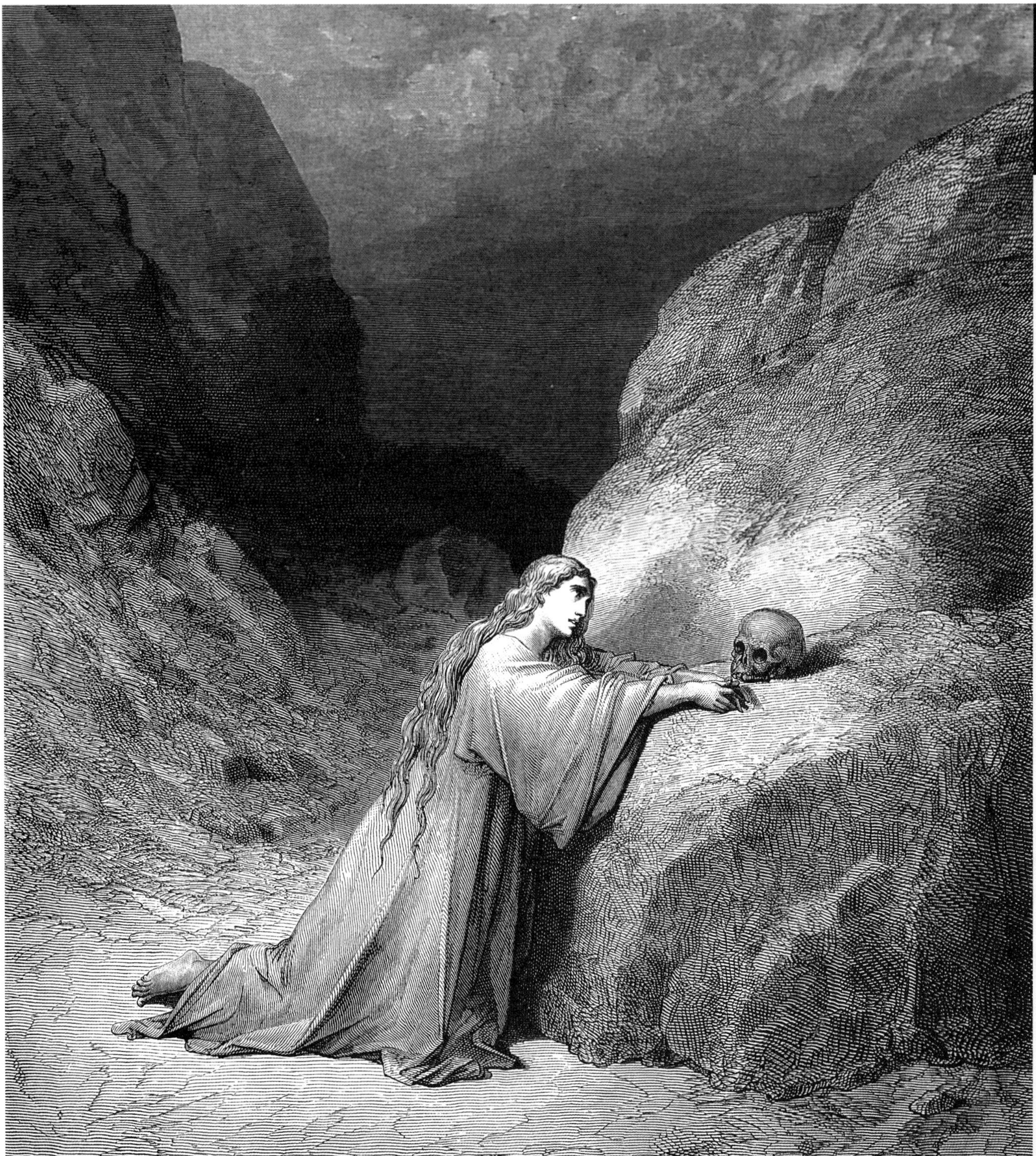

傳道

# 湖邊的傳道

路加福音 5 1-3

　　耶穌站在革尼撒勒湖邊，眾人擁擠他，要聽上帝的道。

　　他見有兩隻船靠在湖邊，打魚的人卻離開船，洗網去了。有一隻船是西門的，耶穌就上去，請他把船撐開，稍微離岸，就坐下，在船上教導眾人。

✳✳✳

　　因為想要聽耶穌傳道的人太多了，以致耶穌被逼得不得不登上停泊於湖邊的小船，好繼續講道。耶穌也是因此而與彼得等人會面。

　　眾人扶老攜幼聚集在湖邊，而耶穌獨自坐在小船上，面向岸邊的大眾傳道。畫家將此場景表現得平靜安和，似乎微風、湖水、椰樹都在靜聽著耶穌的話語。

# 耶穌呼召門徒

路加福音 5 4-11

　　他講完了，對西門說：「把船開到水深的地方下網打魚。」西門說：「老師，我們整夜勞累，並沒有打著甚麼。但依從你的話，我就下網。」

　　他們下了網，圈住許多魚，網險些裂開，就招手叫另一隻船上的同伴來幫助。他們就來，把魚裝滿了兩隻船，船甚至要沉下去。

　　西門看見，就俯伏在耶穌膝前，說：「主啊，離開我，我是個罪人。」他和一切跟他一起的人對打到了這一網的魚都很驚訝。他的夥伴西庇太的兒子雅各、約翰，也是這樣。

　　耶穌對西門說：「不要怕！從今以後，你要得人了。」他們把兩隻船靠了岸，就撇下所有的，跟從了耶穌。

\*\*\*

　　延續前篇湖邊傳道，這是耶穌呼召首批門徒的經過。

　　畫家以放大聚焦的畫面，讓觀者看到西門等人網魚的場景。整幅畫的風格動態又有張力，與前篇講道時的感覺迥然不同，這裡雲彩密布，湖水激盪，魚兒鮮活跳躍，漁網因為魚獲而顯得沉重，以致網魚的人肌力緊張。

# 不要憂慮

路加福音 12　22-34

　　耶穌又對門徒說：「所以，我告訴你們，不要為生命憂慮吃甚麼，為身體憂慮穿甚麼。因為生命勝於飲食，身體勝於衣裳。你們想一想烏鴉：牠們既不種也不收，既沒有倉又沒有庫，上帝尚且養活牠們。你們比飛鳥要貴重得多呢！你們哪一個能藉著憂慮使壽數多加一刻呢？這最小的事你們尚且不能做，何必憂慮其餘的事呢？

　　你們想一想百合花是怎麼長起來的：它也不勞動，也不紡線。然而我告訴你們，就是所羅門極榮華的時候，他所穿戴的還不如這些花的一朵呢！

　　你們這小信的人哪！野地裏的草今天還在，明天就丟在爐裏，上帝還給它這樣的妝飾，何況你們呢？你們不要求吃甚麼，喝甚麼，也不要掛慮。這都是世上的外邦人所求的；你們需要這些東西，你們的父都知道。你們只要求他的國，這些東西就必加給你們了。你們這小群，不要懼怕，因為你們的父樂意把國賜給你們。

　　你們要變賣財產賙濟人，為自己預備永不壞的錢囊和用不盡的財寶在天上，就是賊不能近，蟲不能蛀的地方。因為你們的財寶在哪裏，你們的心也在哪裏。」

＊＊＊

　　這裏所記錄的文字，是耶穌在橄欖樹下眾人傳道所說的其中一段。杜雷在此畫中呈現了一種寧靜而嚴肅的氛圍，坐在茂盛樹蔭下的耶穌，侃侃論述著真理大道，而眾人幾乎都凝神細聽著，並垂下眉目深深的思索。

# 療癒各種疾患病痛

馬太福音 4　23-25

　　耶穌走遍加利利，在各會堂裏教導人，宣講天國的福音，醫治百姓各樣的疾病。

　　他的名聲傳遍了敘利亞。那裏的人把一切病人，就是有各樣疾病和疼痛的、被鬼附的、癲癇的、癱瘓的，都帶了來，耶穌就治好了他們。

　　當時，有一大群人從加利利、低加坡里、耶路撒冷、猶太、約旦河的東邊，來跟從他。

***

　　因為行使神蹟使人信服，於是四方各處的人都來尋求耶蘇的幫助。

　　我們在圖裏看到耶穌把手放在母親懷裡一個瘦弱孩子的頭上，上方有一位大人抱著一個身形屢弱的孩子，他滿臉憂思地看像耶穌，下方則有一個病人躺在床上。在畫面的底部，一個癱子向前伸手去摸耶穌衣服的褶邊，另一邊，有個人撐著另一個人的頭，那患者的呼吸看似快要離開了。

　　整體看似混亂，卻有一種隱然的次序，耶穌雖忙，但不慌亂。

# 登山寶訓八福論

馬太福音 5  1-12

耶穌看見這一群人，就上了山，坐下後，門徒到他跟前來，他開口教導他們說：
「心靈貧窮的人有福了！因為天國是他們的。

哀慟的人有福了！因為他們必得安慰。

謙和的人有福了！因為他們必承受土地。

飢渴慕義的人有福了！因為他們必得飽足。

憐憫人的人有福了！因為他們必蒙憐憫。

清心的人有福了！因為他們必得見上帝。

締造和平的人有福了！因為他們必稱為上帝的兒子。

為義受迫害的人有福了！因為天國是他們的。

人若因我辱罵你們，迫害你們，捏造各樣壞話毀謗你們，你們就有福了！要歡喜快樂，因為你們在天上的賞賜是很多的。在你們以前的先知，人也是這樣迫害他們。」

\*\*\*

本文所記錄的是眾所皆知《聖經》裏耶穌所說的一段經典話語，場地就在靠近加利利（Galilee）的一座山上，上面有草坡地供聽者站立。

在這裡，耶穌靠著樹坐著發表了他奇妙的演說。

# 讓海與風平靜下來

馬太福音 8 23-27

耶穌上了船，門徒跟著他。

海裏忽然起了猛烈的風暴，以致船幾乎被波浪淹沒，耶穌卻睡著了。

門徒去叫醒他，說：「主啊，救命啊，我們快沒命啦！」耶穌說：「你們這些小信的人哪，為甚麼膽怯呢？」於是他起來，斥責風和海，風和海就大大平靜了。

眾人驚訝地說：「這是怎樣的一個人？連風和海都聽從他。」

＊＊＊

耶穌與門徒搭船穿渡的海是加利利海，但在實際的地理上，它是位於以色列北部的一個淡水湖，但確實常常出現風暴。

時刻是夜晚，烏雲密布、浪潮翻騰，小船上擠滿了人。在顛簸搖晃不安的風雨中，眾人無不驚惶害怕，唯獨坐於船尾的耶穌，一派安閒自在的模樣，與眾人形成了明顯對比。

# 救活葉魯的女兒

路加福音 8 41-56

有一個會堂主管，名叫葉魯，來俯伏在耶穌腳前，求耶穌到他家裏去，因為他有一個獨生女，約十二歲，快要死了。

耶穌去的時候，眾人簇擁著他。有一個女人，患了經血不止的病有十二年，在醫生手裏花盡了一生所有的，但沒有人能治好她。

她來到耶穌背後，摸他的衣裳繸子，經血立刻止住了。

耶穌說：「摸我的是誰？」眾人都不承認。彼得說：「老師，眾人擁擁擠擠緊靠著你。」耶穌說：「有人摸了我，因為我覺得有能力從我身上出去。」那女人知道瞞不住了，就戰戰兢兢地俯伏在耶穌跟前，把摸他的緣故和怎樣立刻痊癒的事，當著眾人都說出來。

耶穌對她說：「女兒，你的信救了你。平安地回去吧！」

耶穌還在說話的時候，有人從會堂主管的家裏來，說：「你的女兒死了，不要勞駕老師了。」耶穌聽見就對他說：「不要怕，只要信！她必得痊癒。」

耶穌到了他的家，除了彼得、約翰、雅各，和女兒的父母，不許別人同他進去。眾人都在為這女孩哀哭捶胸。耶穌說：「不要哭，她不是死了，是睡著了。」他們知道她已經死了，就嘲笑耶穌。

耶穌拉著她的手，呼叫著：「孩子，起來吧！」

她的靈魂就回來了，她立刻起來。耶穌吩咐給她東西吃。她的父母非常驚奇；耶穌吩咐他們不要把所發生的事告訴任何人。

\*\*\*

這是耶穌所行的另一個奇蹟。會堂主管葉魯的女兒正躺在床上，她的雙眼已然閉上，趴在床尾哭泣傷心的是少女的母親，一旁站立的人是葉魯及門徒。

耶穌以手按在少女的額頭上（但福音裏卻是說耶穌拉著她的手），呼叫著：「孩子，起來吧！」

傳道

# 著魔的啞巴

馬太福音 9  32-34

　　他們出去的時候，有人把一個被鬼附的啞巴帶到耶穌跟前來。

　　鬼被趕出去，啞巴就說出話來。眾人都很驚訝，說：「在以色列，從來沒有見過這樣的事。」

　　法利賽人卻說：「他是靠著鬼王趕鬼的。」

＊＊＊

　　故事中的啞巴，其實不是天生或病理性的啞，而是受到惡鬼所祟而啞，以致這個受鬼祟之人在精神及靈魂上有著極大的痛苦。

　　畫家設計了一個地點，在那裡有兩三棵細長的棕櫚樹，在晴朗的天空下得以舒緩。大自然的寧靜之美與被邪惡之鬼所祟的痛苦靈魂相對立，更形突顯了啞巴的懇切請求，而周遭的觀眾們或是好奇的凝視，或是顯露著猜疑的心態。

# 在安息日摘麥穗

馬可福音 2　23-28

有一個安息日，耶穌從麥田經過。他的門徒走路的時候，摘起麥穗來。

法利賽人對耶穌說：「看哪！他們為甚麼做安息日不合法的事呢？」

耶穌對他們說：「大衛和跟從他的人飢餓需要食物時所做的事，你們沒有念過嗎？他在亞比亞他作大祭司的時候，怎麼進了上帝的居所，吃了供餅，又給跟從他的人吃呢？這餅除了祭司以外，人都不可以吃。」他又對他們說：「安息日是為人設立的，人不是為安息日設立的。所以，人子也是安息日的主。」

\*\*\*

安息日律法規定不得犁地與輾磨，所以採摘麥穗也被視為不合法的行為，但這是一種冷酷、僵化、狹隘、迷信的律法形式，也因此，耶穌才大義宣示聖日的真正意義。

畫面中，左方的門徒正採摘著麥穗，右方的法利賽人則質疑著這個違法行為，立於一叢麥子前的耶穌，則指手比劃、面向眾人訴說著安息日真義。

# 使五千人吃飽

馬可福音 6 30-44

　　使徒們聚集到耶穌那裏，把一切所做的事、所傳的道全告訴他。他就說：「你們來，同我私下到荒野的地方去歇一歇。」這是因為來往的人多，他們連吃飯的時間也沒有。他們就坐船，私下往荒野的地方去。

　　眾人看見他們走了，有許多認識他們的，就從各城步行，一同跑到那裏，比他們先趕到了。耶穌出來，見有一大群的人，就憐憫他們，因為他們如同羊沒有牧人一般，於是開始教導他們許多事。

　　天已經很晚，門徒進前來，說：「這地方偏僻，而且天已經很晚了，請叫眾人散去，他們好往四面的鄉鎮村莊去，自己買些東西吃。」耶穌回答他們說：「你們給他們吃吧！」門徒對他說：「我們要拿兩百個銀幣去買餅給他們吃嗎？」耶穌說：「你們有多少餅？去看看。」他們知道後就說：「有五個，還有兩條魚。」

　　耶穌吩咐他們，叫眾人一組一組地坐在青草地上。眾人就一群一群地坐下，有一百的，有五十的。耶穌拿著這五個餅和兩條魚，望著天祝福，擘開餅，遞給門徒，擺在眾人面前，也把那兩條魚分給眾人。他們都吃，並且吃飽了。門徒把餅和魚的碎屑收拾起來，裝滿了十二個籃子。吃餅的男人共有五千。

＊＊＊

　　耶穌傳道時常常吸引很多人來聽，這一次來的人竟有五千人，所以我們在這幅圖裡看到場面是盛大的，遠處的耶穌似乎在交代身邊人事情，而提供食物的門徒，遠遠近近，兩兩一組，看著籃框裡的餅與魚，哪裡想得到一開始只有五個餅和兩條魚而已。

# 耶穌在海上行走

馬可福音 6 45-52

　　耶穌隨即催門徒上船，先渡到對岸，到伯賽大去，等他叫眾人散去。他辭別了他們，就往山上去禱告。

　　到了晚上，船在海中，耶穌獨自在岸上。他看見門徒因風不順，搖櫓很苦。天快亮的時候，他在海面上走，往他們那裏去，想要超過他們。

　　但門徒看見他在海面上走，以為是鬼怪，就喊叫起來；因為他們都看見了他，甚為驚慌。耶穌連忙對他們說：「放心！是我，不要怕！」

　　於是他到他們那裏，一上船，風就停了；他們心裏十分驚奇。這是因為他們不明白那分餅的事，心裏還是愚頑。

＊＊＊

　　這是耶穌再行神蹟的一個事件。暗夜行船遭遇風浪已是難以前進，此時看見耶穌踏浪從海面上走來，自然為這景象所驚佈。

　　我們可以看到天光在船後方已然逐漸明亮，海上風浪頗大，船上有人扶著船首伸張著左手，而耶穌抬起手招呼著，顯然他正說著：「放心！是我，不要怕！」

H PISAN

G Doré

# 登山光顯榮耀
馬可福音 9 2-8

　　過了六天，耶穌帶著彼得、雅各、約翰，領他們悄悄地上了高山。他在他們面前變了形像，衣服放光，極其潔白，地上漂布的人沒有一個能漂得那樣白。

　　有以利亞和摩西向他們顯現，並且與耶穌說話。

　　彼得對耶穌說：「拉比，我們在這裏真好！我們來搭三座棚，一座為你，一座為摩西，一座為以利亞。」彼得不知道說甚麼才好，因為他們很害怕。

　　有一朵雲彩來遮蓋他們，又有聲音從雲彩裏出來，說：「這是我的愛子，你們要聽從他！」門徒連忙向周圍觀看，不再看見任何人，只見耶穌同他們在一起。

＊＊＊

　　耶穌在此向門徒們顯現了不可思議的形象。

　　冉冉上升的耶穌被榮耀聖潔的光輝所籠罩，整個人顯得極其神聖，身旁更有先知摩西與以利亞陪在身旁，摩西甚至還拿著十誡的石板。眾門徒因為畏懼而匍匐在地。

# 治好被鬼附身的孩子

馬太福音 17 14-20

　　耶穌和門徒到了眾人那裏，有一個人來見耶穌，跪下，說：「主啊，可憐我的兒子。他害癲癇病很苦，屢次跌進火裏，屢次跌進水裏。我帶他到你門徒那裏，他們卻不能醫治他。」

　　耶穌回答：「唉！這又不信又悖謬的世代啊，我和你們在一起要到幾時呢？我忍耐你們要到幾時呢？把他帶到我這裏來！」

　　耶穌斥責那鬼，鬼就出來；從那時起，孩子就痊癒了。

　　門徒私下進前來問耶穌：「我們為甚麼不能趕出那鬼呢？」耶穌對他們說：「是因你們的信心小。我實在告訴你們，你們若有信心像一粒芥菜種，就是對這座山說『你從這邊移到那邊』，它也會移過去，並且你們沒有一件不能做的事了。」

*＊＊＊*

　　耶穌藉此驅鬼之事來宣揚「信心」的重要。

　　插畫裡，給鬼附身的少年被人架住，面帶憂愁與恐懼地看著耶穌，四周眾人無不睜大雙眼看著耶穌，想看他如何解除這孩子的問題，而耶穌凜然而立，手伸高比出食指，彷彿正準備要怒斥那附身的惡靈。

# 誰是你的鄰舍？

路加福音 10　25-34

　　有一個律法師起來試探耶穌，說：「老師！我該做甚麼才可以承受永生？」耶穌對他說：「律法上寫的是甚麼？你是怎樣念的呢？」他回答說：「你要盡心、盡性、盡力、盡意愛主——你的上帝，又要愛鄰如己。」

　　耶穌對他說：「你回答得正確，你這樣做就會得永生。」那人要證明自己有理，就對耶穌說：「誰是我的鄰舍呢？」

　　耶穌回答：「有一個人從耶路撒冷下耶利哥去，落在強盜手中。他們剝去他的衣裳，把他打個半死，丟下他走了。偶然有一個祭司從那條路下來，看見他就從另一邊過去了。又有一個利未人來到那裏，看見他，也照樣從另一邊過去了。可是，有一個撒瑪利亞人路過那裏，看見他就動了慈心，上前用油和酒倒在他的傷處，包裹好了，扶他騎上自己的牲口，帶他到旅店裏去，照應他。

\*\*\*

　　這幅插圖把耶穌所說的故事具體的呈現了出來，慷慨的撒瑪利亞人引導著馬，並保持鎮定的讓可憐的受難者穩坐在馬鞍上。

　　這裡所要表達的意義是，每個人，無論地位、身分、種族、貴賤，只要在人有難時施予援手，且不計較回報，那麼這個世界將是幸福的。

傳道

# 好心的撒瑪利亞人

路加福音 10  35-37

　　第二天，他拿出兩個銀幣來，交給店主，說：『請你照應他，額外的費用，我回來時會還你。』你想，這三個人哪一個是落在強盜手中那人的鄰舍呢？」

　　他說：「是憐憫他的。」

　　耶穌對他說：「你去，照樣做吧！」

＊＊＊

　　緣於福音書裡的這則寓言非常感人，很有啟發性，所以畫者以兩幅插圖來呈現這個主題。

　　延續前幅畫的時間軸，薩瑪利亞人帶著受害者來到旅店，他小心翼翼地將受害者從馬身上抬下來，而旅店主人張開雙臂等待著迎接他，一個女性人物正從上方的欄杆上觀看著。

# 探望馬大和馬利亞

路加福音 10　38-42

　　他們繼續前行，耶穌進了一個村莊。

　　有一個女人，名叫馬大，接他到自己家裏。她有一個妹妹，名叫馬利亞，在主的腳前坐著聽他的道。

　　馬大伺候的事多，心裏忙亂，進前來，說：「主啊，我的妹妹留下我一個人伺候，你不在意嗎？請吩咐她來幫助我。」

　　主回答說：「馬大，馬大，你為許多的事操心煩惱，但是不可少的只有一件。馬利亞已經選擇了那上好的福分，是沒有人能從她那裏奪去的。」

＊＊＊

　　耶穌與馬利亞臨門而坐，有光線斜斜地照射進來。左邊手抱著水瓶、僅見背影的馬大，讓我們可以感受到她的忙碌，相對的，席地而坐的馬利亞則表現出平靜而略顯羞愧的神態，而耶穌張開雙手，頭轉向馬大，回答著她的要求。

# 浪子回頭

路加福音 15 11-32

　　耶穌又說：「一個人有兩個兒子。小兒子對父親說：『父親，請你把我應得的家業分給我。』他父親就把財產分給他們。過了不多幾天，小兒子把他一切所有的都收拾起來，往遠方去了。在那裏，他任意放蕩，浪費錢財。他耗盡了一切所有的，又恰逢那地方有大饑荒，就窮困起來。

　　「於是他去投靠當地的一個居民，那人打發他到田裏去放豬。他恨不得拿豬所吃的豆莢充飢，也沒有人給他甚麼吃的。他醒悟過來，就說：『我父親有多少雇工，糧食有餘，我倒在這裏餓死嗎？我要起來，到我父親那裏去，對他說：父親！我得罪了天，又得罪了你，從今以後，我不配稱為你的兒子，把我當作一個雇工吧。』於是他起來，往他父親那裏去。

　　「相離還遠，他父親看見，就動了慈心，跑去擁抱著他，連連親他。兒子對他說：『父親！我得罪了天，又得罪了你，從今以後，我不配稱為你的兒子。』父親卻吩咐僕人：『快把那上好的袍子拿出來給他穿，把戒指戴在他指頭上，把鞋穿在他腳上，把那肥牛犢牽來宰了，我們來吃喝慶祝；因為我這個兒子是死而復活，失而復得的。』他們就開始慶祝。

　　「那時，大兒子正在田裏。他回來，離家不遠時，聽見奏樂跳舞的聲音，就叫一個僮僕來，問是甚麼事。僮僕對他說：『你弟弟回來了，你父親因為他無災無病地回來，把肥牛犢宰了。』大兒子就生氣，不肯進去，他父親出來勸他。

　　「他對父親說：『你看，我服侍你這麼多年，從來沒有違背過你的命令，而你從來沒有給我一隻小山羊，叫我和朋友們一同快樂。但你這個兒子和娼妓吃光了你的財產，他一回來，你倒為他宰了肥牛犢。』父親對他說：『兒啊！你常和我同在，我所有的一切都是你的；可是你這個弟弟是死而復活，失而復得的，所以我們理當歡喜慶祝。』」

＊＊＊

　　這則故事是歷來許多偉大畫家的畫作題材，但杜雷自然有他的構思。

　　插畫所呈現的正是寓言中父子相會的場景。可憐的浪子低著頭跪著，父親把他抱在心裡，仰著臉感謝上天，僕人們正從四面八方趕過來，狗兒吠叫著表現出歡迎的姿態。

　　從老父的神情，可以看出他那難以言喻、「失而復得」的喜悅之情。

# 財主與乞丐

路加福音 16　19-31

　　「有一個財主穿著紫色袍和細麻布衣服，天天奢華宴樂。又有一個討飯的，名叫拉撒路，渾身長瘡，被人放在財主門口，想得財主桌子上掉下來的碎食充飢，甚至還有狗來舔他的瘡。

　　「後來那討飯的死了，被天使帶去放在亞伯拉罕的懷裏。財主也死了，並且埋葬了。他在陰間受苦，舉目遠遠地望見亞伯拉罕，又望見拉撒路在他懷裏，他就喊著說：『我祖亞伯拉罕哪，可憐我吧！請打發拉撒路來，用指頭尖蘸點水，涼涼我的舌頭，因為我在這火焰裏，極其痛苦。』亞伯拉罕說：『孩子啊，你該回想你生前享過福，拉撒路也同樣受過苦，如今他在這裏得安慰，你卻受痛苦。除此之外，在你們和我們之間，有深淵隔開，以致人要從這邊過到你們那邊是不可能的；要從那邊過到這邊也是不可能的。』

　　「財主說：『我祖啊，既然這樣，求你打發拉撒路到我父家去，因為我還有五個兄弟，他可以警告他們，免得他們也來到這痛苦的地方。』亞伯拉罕說：『他們有摩西和先知的話可以聽從。』他說：『不！我祖亞伯拉罕哪，假如有一個人從死人中到他們那裏去，他們一定會悔改。』亞伯拉罕對他說：『如果他們不聽從摩西和先知的話，就是有人從死人中復活，他們也不會信服的。』」

＊＊＊

　　這是另一段耶穌所說的寓言。

　　畫家擷取了寓言的第一段場景來呈現這個故事，整個場景被描繪得非常生動逼真，乞丐拉撒路抬起頭望著僕人，而對方只是不耐地抬起手警告乞丐離開，另一個僕人則準備用鞭子來執行警告，狗兒們則似乎聞到拉撒路的味道而聚集在他身邊。

　　這則寓言主要在於宣揚對上帝的信心，如果心無正信，那麼即便死人復活來警告，也是無用的。

# 法利賽人和稅吏的禱告

路加福音 18 9-14

　　耶穌向那些自以為義而藐視別人的人講了這比喻：

　　「有兩個人上聖殿去禱告，一個是法利賽人，一個是稅吏。 法利賽人獨自站著，自言自語地禱告說：『上帝啊，我感謝你，我不像別人勒索、不義、姦淫，也不像這個稅吏。我每週禁食兩次，凡我所得的都獻上十分之一。』

　　「那稅吏遠遠地站著，連舉目望天也不敢，只捶著胸，說：『上帝啊，開恩可憐我這個罪人！』

　　「我告訴你們，這人回家去比那人倒算為義了。因為凡自高的，必降為卑；自甘卑微的，必升為高。」

***

　　在這則寓言裡，耶穌要說的是十分重要的一個美德——謙卑。

　　畫中兩人的服飾有著極大的差別，他們同時在聖殿中進行祈禱，畫家將法利賽人的祈禱做了誇張的姿態取向，他半跪在地，雙手伸張，低著頭祈禱著。而另一位稅吏，則僅僅站著，但神情卻是肅穆地微抬頭看向上方。

# 為小孩祝福

馬太福音 19 13-15

那時，有人帶著小孩子來見耶穌，要他給他們按手禱告，門徒就責備那些人。
耶穌說：「讓小孩子到我這裏來，不要阻止他們，因為在天國的正是這樣的人。」
耶穌給他們按手，然後離開那地方。

\*\*\*

　　這裏看到的是純真無邪的畫面，耶穌被一群孩子們圍繞，孩子更迫不急待地伸手向他靠近，彷彿受他吸引一般，而耶穌僅僅和藹地伸張兩手，拍撫著這群如同天使般的孩子們。

　　是啊，天國裏的人，心純潔得就如同孩子一般。面對純真無邪之人，怎麼可以不讓他們靠近呢？

# 定罪
約翰福音 8 3-11

　　文士和法利賽人帶著一個犯姦淫時被捉的女人來，叫她站在當中，然後對耶穌說：「老師，這女人是正在犯姦淫的時候被捉到的。摩西在律法書上命令我們把這樣的女人用石頭打死。那麼，你怎麼說呢？」他們說這話是要試探耶穌，要抓到控告他的把柄。

　　耶穌卻彎下腰，用指頭在地上寫字。他們還是不住地問他，耶穌就直起腰來，對他們說：「你們中間誰沒有罪，誰就先拿石頭打她！」於是他又彎著腰，用指頭在地上寫字。

　　他們聽見這話，從老的開始，一個一個都走開了，只剩下耶穌一人和那仍然站在中間的女人。

　　耶穌就直起腰來，對她說：「婦人，那些人在哪裏呢？沒有任何人定你的罪嗎？」

　　她說：「主啊，沒有。」

　　耶穌說：「我也不定你的罪。去吧！從今以後不要再犯罪了。」

*** 

　　這是一場對耶穌的試探。

　　在聖殿裏，有蹲伏的悔改者，有愁眉苦臉及咄咄質疑的法利賽人，有神態威嚴的耶穌，以及他寫在地上的記號。

# 復活的拉撒路

約翰福音 11 30-45

那時，耶穌還沒有進村子，仍在馬大迎接他的地方。那些同馬利亞在家裏安慰她的猶太人，見她急忙起來，出去，就跟著她，以為她要往墳墓那裏去哭。

馬利亞到了耶穌那裏，看見他，就俯伏在他腳前，對他說：「主啊，你若早在這裏，我弟弟就不會死了。」耶穌看見她哭，並看見與她同來的猶太人也哭，就心裏悲嘆，又甚憂愁，就說：「你們把他安放在哪裏？」他們對他說：「主啊，請你來看。」耶穌哭了。猶太人就說：「你看，他多麼愛他！」其中有人說：「他既然開了盲人的眼睛，難道不能叫這人不死嗎？」

耶穌又心裏悲嘆，來到墳墓前。那墳墓是個穴，有一塊石頭擋著。耶穌說：「把石頭挪開！」那死者的姐姐馬大對他說：「主啊，他現在必定臭了，因為他已經死了四天了。」耶穌對她說：「我不是對你說過，你若信就必看見上帝的榮耀嗎？」於是他們把石頭挪開。耶穌舉目望天，說：「父啊，我感謝你，因為你已經聽了我。我知道你常常聽我，但我說這話是為了周圍站著的眾人，要使他們信是你差了我來的。」說了這些話，他大聲呼叫說：「拉撒路，出來！」那死了的人就出來了，手腳都裹著布，臉上包著頭巾。耶穌對他們說：「解開他，讓他走！」

於是來看馬利亞的猶太人中，有很多人見了耶穌所做的事，就信了他。

\*\*\*

這幅圖相當符合考古學，畫家把墳墓描繪成一個在自然洞穴邊上切割出來的洞穴或凹坑，並用一塊巨大的石頭嵌在凹槽裏。

在這裡，我們看到石板被推開，耶穌舉起手呼喚著，而裹著布的死人正走出了墳墓洞穴，讓旁觀者大吃一驚。

受難

# 光榮進入耶路薩冷

馬可福音 10 1-10

　　耶穌和門徒快到耶路撒冷，來到伯法其和伯大尼，在橄欖山那裏。

　　耶穌打發兩個門徒，對他們說：「你們往對面村子裏去，一進去的時候會看見一匹驢駒拴在那裏，是從來沒有人騎過的，把牠解開，牽來。若有人對你們說：『為甚麼做這事？』你們就說：『主要用牠，但會立刻把牠牽回到這裏來。』」

　　他們去了，看見一匹驢駒拴在門外街道上，就把牠解開。在那裏站著的人，有幾個說：「你們解開驢駒做甚麼？」門徒照著耶穌的話說，那些人就任憑他們牽去了。

　　他們把驢駒牽到耶穌那裏，把自己的衣服搭在上面，耶穌就騎上。

　　有許多人把衣服鋪在路上，還有人把田間的樹枝砍下來鋪上。前呼後擁的人都喊著說：「和散那！奉主名來的是應當稱頌的！那將要來的我祖大衛之國是應當稱頌的！至高無上的，和散那！」

*＊＊＊*

　　再次進入耶路薩冷的耶穌，這一次選擇騎驢入城。畫家在此表現了民眾夾道歡迎他的場景，我們可以從民眾的姿態神情看出來，大家是多麼歡迎他的到來。

　　和散那（天主教漢譯：賀三納），是猶太教和基督教用語，原意為祈禱詞：「快來拯救我！」、「上主，求你拯救」、「請賜給我們救援」之意。

# 潔淨聖殿
約翰福音 2 13-22

　　猶太人的逾越節近了，耶穌上耶路撒冷去。

　　他看見聖殿裏有賣牛羊和鴿子的，還有兌換銀錢的人坐著，耶穌就拿繩子做成鞭子，把所有的，包括牛羊都趕出聖殿，倒出兌換銀錢之人的銀錢，推翻他們的桌子，又對賣鴿子的說：「把這些東西拿走！不要把我父的殿當作買賣的地方。」

　　他的門徒就想起經上記著：「我為你的殿心裏焦急，如同火燒。」

　　因此猶太領袖問他：「你能顯甚麼神蹟給我們看，表明你可以做這些事呢？」

　　耶穌回答他們說：「你們拆毀這殿，我三日內要把它重建。」

　　猶太人問：「這殿造了四十六年，你三日內就能重建嗎？」

　　但耶穌所說的殿是指他的身體。所以他從死人中復活以後，門徒想起他曾說過這事，就信了聖經和耶穌所說的話。

* * *

　　再次進入耶路薩冷後，耶穌見聖殿遭受汙染成了一處買賣之地，不禁怒火中燒，執鞭將所有商人與貨物趕出聖殿。

　　畫家將此混亂的場面處理得張力十足，揮鞭的耶穌居中，顯眼地展現出驅趕的魄力，旁邊及前方的販夫及商人慌亂成一團，卻能夠讓我們清楚地看到他們臉上的驚慌神情。

# 納稅給凱撒的問題

馬可福音 12  13-17

　　後來，他們打發幾個法利賽人和希律黨人到耶穌那裏，要用他自己的話陷害他。

　　他們來了，就對他說：「老師，我們知道你是誠實的，無論誰你都一視同仁；因為你不看人的面子，而是誠誠實實傳上帝的道。納稅給凱撒合不合法？我們該不該納？」

　　耶穌知道他們的虛偽，就對他們說：「你們為甚麼試探我？拿一個銀幣來給我看。」他們就拿了來。

　　耶穌問他們：「這像和這名號是誰的？」他們對他說：「是凱撒的。」耶穌對他們說：「凱撒的歸凱撒；上帝的歸上帝。」

　　他們對他非常驚訝。

＊＊＊

　　這是巧妙解決一個兩難問題的智慧呈現。當時的猶太人其實並不太服從羅馬政權，所以陰謀者以納稅問題企圖來構陷耶穌，如果耶穌說應該納稅，那耶穌便是站在統治者一方，將為民眾所唾棄；如果耶穌說不要納稅，則必惹怒當權的羅馬統治者。但耶穌機智的回應了：凱撒的歸凱撒；上帝的歸上帝。

　　這幅版畫展示了耶穌平靜面容和偽善試探者邪惡面容之間的鮮明對比，他挫敗了他們的陰謀，因而讓試探者顯露出驚訝的神態。

# 寡婦的奉獻

馬可福音 12　41-44

　　耶穌面向聖殿銀庫坐著，看眾人怎樣把錢投入銀庫。

　　有好些財主投了許多錢。有一個窮寡婦來，投了兩個小文錢，就是一個大文錢。

　　耶穌叫門徒來，對他們說：「我實在告訴你們，這窮寡婦投入銀庫裏的比眾人所投的更多。因為，眾人都是拿有餘的捐獻，但這寡婦，雖然自己不足，卻把她一生所有的全都投進去了。」

\*\*\*

　　教堂的前院有一個「寶庫」，在那裡接受人民的祭品奉獻，以支持民眾的崇拜。

　　在這幅畫裏，可以看到正捐獻的寡婦那怯懦、畏縮的身軀，與那自滿的富人形成了強烈對比，而後者正自得炫耀的準備打開錢包。後方的耶穌藉此，向門徒行了一次教誨。

# 最後的晚餐

馬太福音 26　26-29

　　他們吃的時候，耶穌拿起餅來，祝福了，就擘開，遞給門徒，說：「你們拿去，吃吧。這是我的身體。」

　　他又拿起杯來，祝謝了，遞給他們，說：「你們都喝這個，因為這是我立約的血，為許多人流出來，使罪得赦。 但我告訴你們，從今以後，我不再喝這葡萄汁，直到我在我父的國裏與你們同喝新的那日子。」

＊＊＊

　　這段主題，因為米蘭著名的達文西壁畫而為人所熟悉。然而，杜雷的畫作仍極具代表性，居中耶穌的面容，坐在他右邊年輕的約翰，以及其他人混合的急切和憂慮，完全適合於這樣一個溫柔而莊嚴的聖禮場景。

# 橄欖山上的祈禱

路加福音 22  39-46

　　耶穌出來，照常往橄欖山去，門徒也跟隨他。到了那地方，他就對他們說：「你們要禱告，免得陷入試探。」

　　於是他離開他們約有一塊石頭扔出去那麼遠，跪下禱告，說：「父啊！你若願意，求你將這杯撤去；然而，不是照我的意願，而是要成全你的旨意。」

　　有一位天使從天上顯現，加添他的力量。耶穌非常痛苦焦慮，禱告更加懇切，汗如大血點滴在地上。

　　禱告完了，他起來，到門徒那裏，見他們因為憂愁都睡著了，就對他們說：「你們為甚麼睡覺呢？起來禱告，免得陷入試探！」

＊＊＊

　　這是耶穌被捕之前的一次禱告，深切地表達了他的苦痛。

　　這幅畫深刻地描繪了耶穌深邃而憂愁的面容，扶坐的姿勢更表達了他的痛苦是如此之大，左方的白翼天使則顯現了一股穩定安和的力量。

# 在客西馬尼的禱告

馬太福音 26　36-46

　　耶穌和門徒來到一個地方，名叫客西馬尼。他對他們說：「你們坐在這裏，我到那邊去禱告。」於是他帶著彼得和西庇太的兩個兒子同去。

　　他憂愁起來，極其難過，就對他們說：「我心裏非常憂傷，幾乎要死；你們留在這裏，和我一同警醒。」他就稍往前走，俯伏在地，禱告說：「我父啊，如果可能，求你使這杯離開我。然而，不是照我所願的，而是照你所願的。」

　　他回到門徒那裏，見他們睡著了，就對彼得說：「怎麼樣？你們不能同我警醒一小時嗎？總要警醒禱告，免得陷入試探。你們心靈固然願意，肉體卻軟弱了。」

　　他第二次又去禱告說：「我父啊，這杯若不能離開我，必須我喝，就願你的旨意成全。」他又來，見他們睡著了，因為他們的眼睛困倦。

　　耶穌又離開他們，第三次去禱告，說的話跟先前一樣。然後他來到門徒那裏，對他們說：「現在你們仍在睡覺安歇嗎？看哪，時候到了，人子被出賣在罪人手裏了。起來，我們走吧！看哪，那出賣我的人快來了。」

\*\*\*

　　與前一則故事的時空背景一樣，但這裏強調了重複三次的祈禱與門徒的睡去後，耶穌毅然的說「起來，我們走吧！」，這是在困境的絕望中獲得力量。

　　畫中蓊鬱的橄欖樹成林，遠處耶穌一人獨自抬首祈禱，近處三位門徒卻熟睡過去。

受難

# 背叛
路加福音 22 47-53

　　耶穌還在說話的時候，來了一群人。十二使徒之一名叫猶大的，走在前頭，接近耶穌，要親他。

　　耶穌對他說：「猶大，你用親吻來出賣人子嗎？」

　　左右的人見了要發生的事，就說：「主啊，我們拿刀砍好不好？」其中有一個人把大祭司的僕人砍了一刀，削掉了他的右耳。

　　耶穌回答說：「算了，住手吧！」就摸那人的耳朵，把他治好了。

　　耶穌對那些來抓他的祭司長、守殿官和長老說：「你們帶著刀棒出來，如同對付強盜嗎？我天天同你們在聖殿裏，你們不下手抓我。現在卻是你們的時候，黑暗掌權了。」

***

　　這是《聖經》中最嚴重的一次罪惡，猶大背叛了他的老師，他趨前向耶穌致敬，說：「拉比，萬歲。」並溫柔地吻了他，這是向敵人約定的訊號。

　　圖中，在官兵的包圍下，猶大向前伸手緊握耶穌的手，抬頭看著老師，而耶穌僅僅一派淡然地看著他。

# 彼得三次不認主

馬可福音 14 66-72

　　彼得在下邊院子裏，大祭司的一個使女來了，見彼得取暖，就看著他，說：「你素來也是同拿撒勒人耶穌一起的。」彼得卻不承認，說：「我不知道，也不明白你說的是甚麼！」於是他出來，到了前院，雞就叫了。

　　那使女看見他，又對旁邊站著的人說：「這個人也是他們一夥的。」彼得又不承認。

　　過了不久，旁邊站著的人又對彼得說：「你真是他們一夥的，因為你也是加利利人。」彼得就賭咒發誓說：「我不認得你們說的這個人。」立刻，雞叫了第二遍。

　　彼得想起耶穌對他所說的話：「雞叫兩遍以前，你要三次不認我。」他就忍不住哭了。

＊＊＊

　　坐在烤火前的彼得，面對眾人質疑的詢問及眼光，緊皺起他的眉頭，正否認自己的身分。畫家在此藉由火光在陰鬱明亮中的閃動，呈現出一股詭譎的不安定氣氛，來表達彼得心中的惶惑不安。

# 受鞭打的耶穌

馬可福音 15　6-15

每逢這節期，彼拉多照眾人所求的，釋放一個囚犯給他們。

有一個人名叫巴拉巴，和作亂的人監禁在一起。他們作亂的時候曾殺過人。眾人上去求彼拉多照常例給他們辦理。

彼拉多說：「你們要我釋放猶太人的王給你們嗎？」他原知道祭司長們是因嫉妒才把耶穌解了來。但是祭司長們煽動眾人，寧可要他釋放巴拉巴給他們。

彼拉多又說：「那麼，你們稱為猶太人的王的，要我怎麼辦他呢？」他們又再喊著：「把他釘十字架！」彼拉多說：「為甚麼？他做了甚麼惡事呢？」他們更加喊著：「把他釘十字架！」

彼拉多要討好眾人，就釋放巴拉巴給他們，把耶穌鞭打後交給人釘十字架。

\*\*\*

這幅圖畫描繪了一幅許多人們不願目睹的場景。耶穌在這裏受到羅馬教士的殘酷鞭打——這通常是在釘十字架前的懲罰。

杜雷的畫作很適切地表現了那個飽受荊棘之苦的人，其溫順的忍耐力。

# 受戲謔的耶穌

馬可福音 15  16-20

　　士兵把耶穌帶進總督府的庭院裏，叫齊了全營的兵。他們給他穿上紫袍，又用荊棘編了冠冕給他戴上，然後向他致敬，說：「萬歲，猶太人的王！」他們又拿一根蘆葦稈打他的頭，向他吐唾沫，屈膝拜他。

　　他們戲弄完了，就給他脫了紫袍，又穿上他自己的衣服，帶他出去，要把他釘十字架。

***

　　延續前一篇的鞭打責罰，這裡所描繪的是耶穌遭受戲弄的場景。

　　居中而坐的耶穌，被迫套上袍服，頭上被戴上荊棘所編織的冠冕，可見到荊冠下流出的鮮血，士兵們假意諂媚、屈膝伏地跪拜，而他只是沉默地承受著這一切。

# 彼拉多的審判
約翰福音 19 4-16

彼拉多又出來對眾人說：「看，我帶他出來見你們，讓你們知道我查不出他有甚麼罪狀。」耶穌出來，戴著荊棘冠冕，穿著紫袍。

彼拉多對他們說：「看哪，這個人！」祭司長和聖殿警衛看見他，就喊著說：「釘十字架！釘十字架！」彼拉多對他們說：「你們自己把他帶去釘十字架吧！我查不出他有甚麼罪狀。」猶太人回答他：「我們有律法，按照律法，他是該死的，因為他自以為是上帝的兒子。」

彼拉多聽見這話，越發害怕，又進了總督府，對耶穌說：「你是哪裏來的？」

耶穌卻不回答。於是彼拉多對他說：「你不對我說話嗎？難道你不知道我有權柄釋放你，也有權柄把你釘十字架嗎？」

耶穌回答他：「若不是從上頭賜給你的，你就毫無權柄辦我，所以，把我交給你的那人罪更重了。」

從此，彼拉多想要釋放耶穌，無奈猶太人喊著說：「你若釋放這個人，你就不是凱撒的忠臣。凡自立為王的就是背叛凱撒。」

彼拉多聽見這些話，就帶耶穌出來，到了一個地方，叫「鋪華石處」，希伯來話叫厄巴大，就在那裏坐堂。

那日是逾越節的預備日，約在正午。彼拉多對猶太人說：「看哪，你們的王！」他們就喊著：「除掉他！除掉他！把他釘十字架！」彼拉多對他們說：「要我把你們的王釘十字架嗎？」祭司長回答：「除了凱撒，我們沒有王。」於是彼拉多把耶穌交給他們去釘十字架。

\*\*\*

這裡出現的耶穌已然消瘦許多，神情也顯得漠然，身旁的彼拉多對著群眾說話，但底下擁擠的人群譁然，有一股躁動不安的情緒醞釀著。

# 背負十字架的耶穌

馬可福音 15　21-26

　　有一個古利奈人西門，就是亞歷山大和魯孚的父親，從鄉下來，經過那地方，他們就強迫他同去，好背耶穌的十字架。

　　他們帶耶穌到了一個地方叫各各他（翻譯出來就是「髑髏地」），拿沒藥調和的酒給耶穌，他卻不受。於是他們把他釘在十字架上，抽籤分他的衣服，看誰得甚麼。

　　他們把他釘十字架的時候是上午九點鐘。罪狀牌上寫的是：「猶太人的王。」

＊＊＊

　　刑罰的加重之一，就是犯罪者被迫攜帶刑具走到行刑地點，受到極盡嘲弄揶揄的耶穌，當然也無法避免。畫家取了這場行程的一段，來描繪耶穌的受苦。

　　這幅插圖有力地再現了耶穌即將倒下的身形，和那位被迫同行伙伴的強健四肢。

# 十字架之路

路加福音 23  27-31

　　有許多百姓跟隨耶穌，其中有好些婦女為他號咷痛哭。

　　耶穌轉身對她們說：「耶路撒冷的女子，不要為我哭，要為你們自己和你們的兒女哭。因為日子將到，人要說：『不生育的、未曾懷孕的，和未曾哺乳孩子的有福了！』那時，人要向大山說：『倒在我們身上！』向小山說：『遮蓋我們！』

　　他們若在樹木青綠的時候做這些事，那麼在枯乾的時候將會怎麼樣呢？」

*　*　*

　　即使有強健的西門幫忙扶持，但耶穌也已然氣力耗盡，頹然倒地。插畫中，我們看到西門及一位士兵幫忙扶起十字架，旁邊有婦女哀傷不已，也想上前照拂倒地的耶穌，而背後陰暗面中的兵士們，則只是漠然冷情地看著。

# 耶穌被釘十字架

約翰福音 19　27-31

　　耶穌背著自己的十字架出來，到了一個地方，名叫「髑髏地」，希伯來話叫各各他。他們就在那裏把他釘在十字架上，還有兩個人和他一同被釘，一邊一個，耶穌在中間。

　　彼拉多又寫了一個牌子，釘在十字架上，寫的是：「猶太人的王，拿撒勒人耶穌。」有許多猶太人念這牌子，因為耶穌被釘十字架的地方靠近城，而且牌子是用希伯來、羅馬、希臘三種文字寫的。猶太人的祭司長就對彼拉多說：「不要寫『猶太人的王』，要寫『那人說：我是猶太人的王』。」彼拉多回答：「我寫了就寫了。」

　　士兵把耶穌釘在十字架上以後，把他的衣服拿來分為四份，每人一份。他們又拿他的內衣，這件內衣沒有縫，是上下一片織成的。他們就彼此說：「我們不要撕開，我們抽籤，看是誰的。」

　　這要應驗經上的話說：「他們分了我的外衣，為我的內衣抽籤。」士兵果然做了這些事。

　　站在耶穌十字架旁邊的，有他的母親、姨母、革羅罷的妻子馬利亞，和抹大拉的馬利亞。耶穌見母親和他所愛的那門徒站在旁邊，就對母親說：「母親，看，你的兒子！」又對那門徒說：「看，你的母親！」從那刻起，那門徒就接她到自己家裏去了。

＊＊＊

　　這張畫描繪的是耶穌已被釘在十字架上，正準備立起的時候。我們在畫的左下部分，看到為分衣在抽籤的士兵們，右邊是幾位婦女，其中一位承受不住打擊而需人攙扶的，應該就是他的母親馬利亞，而她的視線正與十字架上的耶穌對視著。

# 耶穌之死

馬太福音 27 45-56

從正午到下午三點鐘，遍地都黑暗了。

約在下午三點鐘，耶穌大聲高呼，說：「以利！以利！拉馬撒巴各大尼？」就是說：「我的上帝！我的上帝！為甚麼離棄我？」

站在那裏的人，有的聽見就說：「這個人呼叫以利亞呢！」其中有一個人立刻跑去，拿海綿蘸滿了醋，綁在蘆葦稈上，送給他喝。其餘的人說：「且等著，看以利亞來不來救他。」

耶穌又大喊一聲，氣就斷了。

忽然，殿的幔子從上到下裂為兩半，地震動，磐石崩裂，墳墓也開了，有許多已睡了的聖徒的身體也復活了。耶穌復活以後，他們從墳墓裏出來，進了聖城，向許多人顯現。

百夫長和跟他一同看守耶穌的人看見地震和所經歷的事，非常害怕，說：「他真是上帝的兒子！」

有好些婦女在那裏，遠遠地觀看，她們是從加利利跟隨耶穌，來服事他的；其中有抹大拉的馬利亞，又有雅各和約瑟的母親馬利亞，並有西庇太兩個兒子的母親。

\*\*\*

這裡描繪了耶穌死亡的一幕，黑暗籠罩了整個地方，只有一道閃電照亮了十字架上的耶穌身軀。在這團黑暗籠罩的氛圍中，我們可以看到兵士們監督著悲劇的發生，而在一塊裂開的岩石旁，則站著披著面紗的哭泣婦女。

# 從十字架上降下聖體

約翰福音 19 31-38

　　因為這日是預備日，又因為那安息日是個大日子，猶太人就來求彼拉多叫人打斷他們的腿，把他們搬走，免得屍首在安息日留在十字架上。於是士兵來，把第一個人的腿，和與耶穌同釘的另一個人的腿，都打斷了。

　　當他們來到耶穌那裏，見他已經死了，就沒有打斷他的腿。然而有一個士兵拿槍扎他的肋旁，立刻有血和水流出來。

　　看見這事的人作了見證——他的見證是真的，他知道自己所說的是真的——好讓你們也信。這些事發生，為要應驗經上的話：「他的骨頭一根也不可折斷。」另有經文也說：「他們要仰望自己所扎的人。」

　　這些事以後，亞利馬太的約瑟來求彼拉多，要把耶穌的身體領去。他是耶穌的門徒，只因怕猶太人，就暗地裏作門徒。彼拉多准許了，他就把耶穌的身體領走。

\*\*\*

　　幸得有力的約瑟，眾人才能將耶穌的遺體領走，畫家在這幅畫中並未表達過度的哀傷，但眾人的謹慎小心是感覺得到的。

# 耶穌的安葬
約翰福音 19　39-42

　　尼哥德慕也來了，就是先前夜裏去見耶穌的那位，他帶著約一百斤的沒藥和沉香。他們照猶太人喪葬的規矩，用細麻布加上香料，把耶穌的身體裹好了。

　　在耶穌釘十字架的地方有一個園子，園子裏有一座新墓穴，是從來沒有葬過人的。因為那天是猶太人的預備日，而那墳墓又在附近，他們就把耶穌安放在那裏。

＊＊＊

　　這段描述了耶穌下葬的過程，耶穌的屍身依照猶太人的規矩被妥善處理，畫面中，我們看見毫無生氣的耶穌癱垂下一隻手，兩個男人虔誠而溫柔地抬著他的身體往洞穴深處走去，旁邊的女人虔誠地陪伴著，表達著萬分的悲哀。

受
難

復活與使徒傳道

# 墳墓裡的天使
馬太福音 28 1-7

　　安息日過後，七日的第一日，天快亮的時候，抹大拉的馬利亞和另一個馬利亞來看墳墓。

　　忽然，地大震動；因為有主的一個使者從天上下來，把石頭滾開，坐在上面。他的相貌如同閃電，衣服潔白如雪。看守的人嚇得渾身顫抖，甚至和死人一樣。

　　天使回應婦女說：「不要害怕！我知道你們是尋找那釘十字架的耶穌。他不在這裏，照他所說的，他已經復活了。你們來！看看安放他的地方。快去告訴他的門徒，說他已從死人中復活了，並且要比你們先到加利利去，在那裏你們會看見他。看哪！我已經告訴你們了。」

\*\*\*

　　耶穌復活後，天使在這裏向馬利亞通報此訊息。在畫裏，我們並未看到嚇得像死人的看守人，只見天使向兩位馬利亞招手，示意她們再向前看清楚，而尚未確認事實的她們，謹慎地前進，畢竟她們在意的還是耶穌啊！

# 在去以馬忤斯的路上

路加福音 24 13-32

　　同一天，門徒中有兩個人往一個村子去；這村子名叫以馬忤斯，離耶路撒冷約有二十五里。他們彼此談論所發生的這一切事。正交談議論的時候，耶穌親自走近他們，和他們同行，可是他們的眼睛模糊了，沒認出他。

　　耶穌對他們說：「你們一邊走一邊談，彼此談論的是甚麼事呢？」他們就站住，臉上帶著愁容。兩人中有一個名叫革流巴的回答：「你是在耶路撒冷的旅客中，惟一還不知道這幾天在那裏發生了甚麼事的人嗎？」耶穌對他們說：「甚麼事呢？」他們對他說：「就是拿撒勒人耶穌的事。他是個先知，在上帝和眾百姓面前，說話行事都大有能力。祭司長們和我們的官長竟把他解去，定了死罪，釘在十字架上。但我們素來所盼望要救贖以色列民的就是他。不但如此，這些事發生到現在已經三天了。還有，我們中間的幾個婦女使我們驚奇：她們清早去了墳墓，不見他的身體，就回來告訴我們，說她們看見了天使顯現，說他活了。又有我們的幾個人往墳墓那裏去，所發現的正如婦女們所說的，只是沒有看見他。」

　　耶穌對他們說：「無知的人哪，先知所說的一切話，你們的心信得太遲鈍了。基督不是必須受這些苦難，然後進入他的榮耀嗎？」於是，他從摩西和眾先知起，凡經上所指著自己的話都給他們作了解釋。

　　他們走近所要去的村子，耶穌好像還要往前走，他們卻強留他說：「時候晚了，天快黑了，請你同我們住下吧。」耶穌就進去，要同他們住下。坐下來和他們用餐的時候，耶穌拿起餅來，祝福了，擘開，遞給他們。他們的眼睛開了，這才認出他來。耶穌卻從他們眼前消失了。他們彼此說：「在路上他和我們說話，給我們講解聖經的時候，我們的心在我們裏面豈不是火熱的嗎？」

***

　　這是一段教人多麼驚奇的旅程，耶穌在路上為兩個門徒訴說了聖經先知的種種，居中而行的他侃侃而談，而兩位門徒被他的話語吸引得轉頭凝神地望著他。

# 耶穌升天

路加福音 24　50-53

耶穌領他們出來，直到伯大尼附近，就舉手給他們祝福。

正祝福的時候，他離開他們，被帶到天上去了。

他們就拜他，帶著極大的喜樂回耶路撒冷去，常在聖殿裏稱頌上帝。

\*\*\*

　　這幅插圖為耶穌升天這件事呈現了極大的力量和美感。耶穌提升而起的形象，彷彿在晴空下得到了緩解，他散發出一種渾然不同於世的光彩，感覺是由一種內在的力量而使他向上漂浮而起的。一群人在下方，以驚奇、欽佩的目光抬頭看著冉冉離去的耶穌。

# 聖靈降臨
## 使徒行傳 2 1-13

五旬節那日到了，他們全都聚集在一起。

忽然，有響聲從天上下來，好像一陣大風吹過，充滿了他們所坐的整座屋子；又有舌頭如火焰向他們顯現，分開落在他們每個人身上。他們都被聖靈充滿，就按著聖靈所賜的口才說起別國的話來。

那時，有從天下各國來的虔誠的猶太人，住在耶路撒冷。這聲音一響，許多人都來聚集，各人因為聽見門徒用他們各自的鄉談說話，就甚納悶，都詫異驚奇說：「看哪，這些說話的不都是加利利人嗎？我們每個人怎麼聽見他們說我們生來所用的鄉談呢？我們帕提亞人、瑪代人、以攔人，和住在美索不達米亞、猶太、加帕多家、本都、亞細亞、弗呂家、旁非利亞、埃及的人，並靠近古利奈的利比亞一帶地方的人，僑居的羅馬人，包括猶太人和皈依猶太教的人，克里特人和阿拉伯人，都聽見他們用我們的鄉談講論上帝的大作為。」

眾人就都驚奇困惑，彼此說：「這是甚麼意思呢？」還有人譏誚，說：「他們是灌滿了新酒吧！」

\*\*\*

幽閉的環境中隱約可見樑柱，有光從上方照射下來，神的靈以鴿子形象在此出現，這讓我們想到耶穌受洗時，同樣有天光及鴿子降臨。

在一片靜穆中，靈火般的舌，正臨到每一位使徒的上方。

# 彼得在五旬節的演講

使徒行傳 2　14-21，32-42

　　彼得和十一個使徒站起來，他就高聲向眾人說：「猶太人和所有住在耶路撒冷的人哪，這件事你們要知道，要側耳聽我的話。這些人並不像你們所想的喝醉了，因為現在才早晨九點鐘。這正是藉著先知約珥所說的：

　　『上帝說：在末後的日子，我要將我的靈澆灌凡血肉之軀的。你們的兒女要說預言；你們的少年要見異象；你們的老人要做異夢。在那些日子，我要把我的靈澆灌，甚至給我的僕人和婢女，他們要說預言。在天上，我要顯出奇事，在地下，我要顯出神蹟，有血，有火，有煙霧。太陽要變為黑暗，月亮要變為血，這都在主大而光榮的日子未到以前。那時，凡求告主名的都必得救。』

　　「……這耶穌，上帝已經使他復活了，我們都是這事的見證人。他既被高舉在上帝的右邊，又從父受了所應許的聖靈，就把你們所看見所聽見的，澆灌下來。大衛並沒有升到天上，但他自己說：『主對我主說：你坐在我的右邊，等我使你的仇敵作你的腳凳。』故此，以色列全家當確實知道，你們釘在十字架上的這位耶穌，上帝已經立他為主，為基督了。」

　　眾人聽見這話，覺得扎心，就對彼得和其餘的使徒說：「諸位弟兄，我們該怎樣做呢？」彼得對他們說：「你們各人要悔改，奉耶穌基督的名受洗，使你們的罪得赦免，就會領受所賜的聖靈。因為這應許是給你們和你們的兒女，並一切在遠方的人，就是給所有主——我們的上帝所召來的人。」彼得還用更多別的話作見證，勸勉他們說：「你們當救自己脫離這彎曲的世代。」

　　於是領受他話的人，都受了洗；那一天，門徒約添了三千人。他們都專注於使徒的教導和彼此的團契，擘餅和祈禱。

＊＊＊

　　受聖靈施洗後，使徒們開始向外傳道，其中以彼得最為活躍。

　　在此圖中，我們看到彼得站立於高處，慷慨激昂地向眾人傳道，周圍人群亦專心地聽他述說真理。

# 聖殿門口醫治瘸腿者

使徒行傳 3 1-10

　　下午三點鐘禱告的時候，彼得和約翰上聖殿去。一個從母腹裏就是瘸腿的人正被人抬來，他們天天把他放在聖殿的一個叫美門的門口，求進聖殿的人施捨。

　　他看見彼得、約翰將要進聖殿，就求他們施捨。彼得和約翰定睛看他，彼得說：「看著我們！」那人就注目看他們，指望從他們得著甚麼。

　　彼得卻說：「金銀我都沒有，但我把我有的給你：奉拿撒勒人耶穌基督的名起來行走！」於是彼得拉著他的右手，扶他起來；他的腳和踝骨立刻健壯了，就跳起來，站著，又開始行走。他跟他們進了聖殿，邊走邊跳，讚美上帝。

　　百姓都看見他又行走，又讚美上帝，認得他是那素常坐在聖殿的美門口求人施捨的，就因他所遇到的事滿心驚訝詫異。

＊＊＊

　　插畫呈現了瘸腿者受療癒的一幕。彼得輕扶著他，瘸者已然拋下枴杖，一臉無法置信的表情。有人想上前，被約翰抬手示意制止，其他人也驚異地看著這一幕。

# 司提反被眾人打死

使徒行傳 7 54-60

眾人聽見這些話，心中極其惱怒，向司提反咬牙切齒。

但司提反滿有聖靈，定睛望天，看見上帝的榮耀，又看見耶穌站在上帝的右邊，就說：「我看見天開了，人子站在上帝的右邊。」

眾人大聲喊叫，摀著耳朵，齊心衝向他，把他推到城外，用石頭打他。作見證的人把他們的衣裳放在一個名叫掃羅的青年腳前。

他們正用石頭打司提反的時候，他呼求說：「主耶穌啊，求你接納我的靈魂！」然後他跪下來，大聲喊著：「主啊，不要將這罪歸於他們！」說了這話，就長眠了。

***

這裡呈現了一個宗教迫害的悲劇，聖者司提反遭到眾人的質疑，說他褻瀆摩西和上帝，而其辯駁的言論卻進一步引發了眾人的憤怒，拿起石頭將他砸死。

畫中的司提反已頹然倒地，他手支著地，頭望向上方，彷彿在那裏看到了解救的希望。然而，周遭的人紛紛拿起石塊將砸向他……

# 掃羅的悔改

使徒行傳 9 1-20

掃羅不斷用威嚇兇悍的口氣向主的門徒說話。他去見大祭司，要求發信給大馬士革的各會堂，若是找著信奉這道的人，無論男女，都准他捆綁帶到耶路撒冷。

掃羅在途中，將到大馬士革的時候，忽然有一道光從天上下來，四面照射著他，他就仆倒在地，聽見有聲音對他說：「掃羅！掃羅！你為甚麼迫害我？」他說：「主啊！你是誰？」主說：「我就是你所迫害的耶穌。起來！進城去，你應該做的事，必有人告訴你。」

同行的人站在那裏，說不出話來，因為他們聽見聲音，卻看不見人。掃羅從地上起來，睜開眼睛，竟不能看見甚麼。有人拉他的手，領他進了大馬士革。他三天甚麼都看不見，也不吃也不喝。

那時，在大馬士革有一個門徒，名叫亞拿尼亞。主在異象中對他說：「亞拿尼亞！」他說：「主啊，我在這裏。」主對他說：「起來！往那叫直街的路去，在猶大的家裏，去找一個大數人，名叫掃羅；他正在禱告，在異象中看見了一個人，名叫亞拿尼亞，進來為他按手，讓他能再看得見。」

亞拿尼亞回答：「主啊，我聽見許多人講到這個人，說他怎樣在耶路撒冷多多苦待你的聖徒，並且他在這裏有從祭司長得來的權柄，要捆綁一切求告你名的人。」主對他說：「你只管去。他是我所揀選的器皿，要在外邦人、君王和以色列人面前宣揚我的名。 我也要指示他，為我的名必須受許多的苦難。」

亞拿尼亞就去了，進入那家，把手按在掃羅身上，說：「掃羅弟兄，在你來的路上向你顯現的主，就是耶穌，打發我來，叫你能再看得見，又被聖靈充滿。」掃羅的眼睛上立刻好像有鱗一般的東西掉下來，他就能再看得見，於是他起來，受了洗，吃過飯體力就恢復了。

掃羅和大馬士革的門徒一起住了些日子，立刻在各會堂裏傳揚耶穌，說他是上帝的兒子。

\*\*\*

掃羅出身傳統猶太教家庭，視基督徒為邪惡，更進一步想到大馬士革剷除他所認定的「邪教」。圖畫表現了他鄰近大馬士革時，遭遇基督聖靈的場景。光線強烈地從天照射而下，彷如打擊般，讓掃羅及其他人撲倒在地，掃羅抬起頭，以手遮眼看向光的來源處，耶穌此時向他說了話。

之後他瞎了眼，在大馬士革受亞拿尼亞的療癒，便受洗成為基督徒，改名為保羅，成為耶穌最強而有力的信徒與傳教士。

# 外邦人領受聖靈
## 使徒行傳 10 34-48

　　彼得開口說：「我真的看出上帝是不偏待人的。不但如此，在各國中那敬畏他而行義的人都為他所悅納。上帝藉著耶穌基督——他是萬有的主——傳和平的福音，把這道傳給以色列人。這話在約翰傳揚洗禮以後，從加利利起，傳遍了猶太。上帝怎樣以聖靈和能力膏了拿撒勒人耶穌，這都是你們知道的。他到處奔波，行善事，醫好凡被魔鬼壓制的人，因為上帝與他同在。他在猶太人之地和耶路撒冷所行的一切事，有我們作見證人。他們竟把他掛在木頭上殺了。第三天，上帝使他復活，使他顯現出來；不是顯現給所有的人看，而是顯現給上帝預先所揀選為他作見證的人看，就是我們這些在他從死人中復活以後和他同吃同喝的人。他吩咐我們傳道給眾人，證明他是上帝所立定，要作審判活人、死人的審判者。眾先知也為這人作見證：凡信他的人，必藉著他的名得蒙赦罪。」

　　彼得還在說這些話的時候，聖靈降在一切聽道的人身上。那些奉割禮的信徒和彼得同來，見聖靈的恩賜也澆在外邦人身上，就都驚奇；因聽見他們說方言，稱讚上帝為大。

　　於是彼得回答：「這些人既受了聖靈，跟我們一樣，誰能阻止用水給他們施洗呢？」他就吩咐奉耶穌基督的名給他們施洗。於是他們請彼得住了幾天。

＊＊＊

　　由於義大利百夫長哥尼流受天使感召，請人去邀彼得到家裡來傳道，這裡所呈現的正是彼得在哥尼流家中傳道的情景。

# 天使救出彼得
使徒行傳 12 1-19

　　約在那時候，希律王下手苦待教會中的一些人，用刀殺了約翰的哥哥雅各。他見猶太人喜歡這事，也去拿住彼得。那時候正是除酵節期間。希律捉了彼得，押在監裏，交給四班士兵看守，每班四個人，企圖要在逾越節後把他提出來，當著百姓辦他。於是彼得被囚在監裏，教會卻為他切切禱告上帝。

　　希律將要提他出來的前一夜，彼得被兩條鐵鏈鎖著，睡在兩個士兵當中；門前還有警衛看守。忽然，有主的一個使者顯現，牢房裏有光照耀；天使拍彼得的肋旁，叫醒了他，說：「快起來！」鐵鏈就從他手上脫落下來。天使對他說：「束上腰帶，穿上鞋子。」他就照著做了。天使又對他說：「披上外衣，跟我來。」彼得就出來跟著他走，不知道天使所做是真的，以為見了異象。他們經過了第一層和第二層監牢，就來到往城內的鐵門，那門就自動給他們開了。他們出來，走過一條街，忽然天使離開他去了。

　　彼得清醒過來，說：「現在我真知道主差遣他的使者，救我脫離希律的手，和猶太人所期待的一切。」他明白了，就到那稱為馬可的約翰的母親馬利亞家去，在那裏已有好些人聚集禱告。彼得敲外門時，有一個使女，名叫羅大，出來應門，認出是彼得的聲音，歡喜得顧不了開門，就跑進去報信，說彼得站在門外。他們對她說：「你瘋了！」使女堅持真有其事。他們說：「那是他的天使。」彼得不停地敲門；他們開了門，一見是他，就很驚奇。

　　彼得做個手勢，要他們不作聲，就告訴他們主怎樣領他出監；又說：「你們要把這些事告訴雅各和眾弟兄。」然後，他離開往別處去了。

　　到了天亮，士兵中起了不少騷動，不知道彼得到哪裏去了。希律找他，找不著，就審問警衛，下令帶走他們處死。後來希律離開猶太，下凱撒利亞去，住在那裏。

＊＊＊

　　凶狠的希律王為了鎮壓基督教會的擴大，不僅殺了雅各，更抓住了彼得，預備在逾越節後當眾處死他。但是，就在準備處死他的前一天，天使便救他出了監獄。

　　這幅圖所描繪的正是天使救出彼得過程中的一幕。彼得在天使的帶領下走下石階，進入月光朦朧的夜色中，而衛兵們則躺在那裡睡著了。彼得的形像和面容完全地表達了他對自己意外而奇蹟般的獲救，感到莫名其妙的驚訝之情。

H. PISAN

# 保羅在安提阿傳道

使徒行傳 13　13-15，42-52

　　保羅和他的同伴從帕弗開船，來到旁非利亞的別加，約翰卻離開他們，回耶路撒冷去了。他們從別加往前行，來到彼西底的安提阿。在安息日，他們進了會堂就坐下。在讀完了律法和先知的書，會堂主管們叫人過去，對他們說：「二位弟兄，你們若有甚麼勸勉眾人的話，請說。」

　　他們走出會堂的時候，眾人請他們在下一個安息日再講這些話給他們聽。散會以後，有許多猶太人和敬虔的皈依猶太教的人跟從了保羅和巴拿巴。二人對他們講話，勸他們務要恆久倚靠上帝的恩典。

　　到下一個安息日，全城的人幾乎都聚集起來，要聽主的道。但猶太人看見這麼多的人，就滿心嫉妒，辯駁保羅所說的話，並且毀謗他。

　　於是保羅和巴拿巴放膽說：「上帝的道本應先傳給你們；只因你們棄絕這道，斷定自己不配得永生，我們就轉向外邦人。因為主曾這樣吩咐我們：『我已經立你作萬邦之光，使你施行我的救恩，直到地極。』」

　　外邦人聽見這話很歡喜，讚美主的道，凡被指定得永生的人都信了。於是主的道傳遍了那一帶地方。但猶太人挑唆虔敬尊貴的婦女和城內有名望的人，迫害保羅和巴拿巴，把他們趕出境外。二人對著眾人跺掉腳上的塵土，然後往以哥念去了。門徒滿心喜樂，又被聖靈充滿。

\*\*\*

　　保羅受洗後展開了他的傳道之旅，之前先到了塞浦路斯，之後便到了安提阿，在此受到全城的歡迎，卻為此地的猶太人所嫉妒，迫害了保羅與巴拿巴，將他們趕出安提阿境外。這裡所繪的是保羅傳道時情景之一。在此之後，保羅又陸續到各地傳道，期間雖然也遭到猶太人的迫害，但仍阻止不了保羅的熱誠。

　　畫家在圖像裡不僅精準地描繪了故事，對於傳道之地的建築亦做了詳實的考據，圖上方的洞窗便是當時當地特色。

# 保羅在以弗所傳道

使徒行傳 19　11-20

　　上帝藉保羅的手行了些奇異的神蹟，甚至有人從保羅身上拿走手巾或圍裙放在病人身上，病就消除了，邪靈也出去了。

　　那時，有幾個巡迴各處念咒趕鬼的猶太人，擅自利用主耶穌的名，向那些被邪靈所附的人說：「我奉保羅所傳的耶穌命令你們出來！」做這事的是猶太祭司長士基瓦的七個兒子。

　　但邪靈回答他們：「耶穌我知道，保羅我也認識，你們卻是誰呢？」被邪靈所附的人就撲到他們身上，制伏他們，勝過他們，使他們赤著身子，受了傷，從那房子裏逃出去了。

　　凡住在以弗所的，無論是猶太人是希臘人，都知道這件事，也都懼怕；主耶穌的名從此就更被尊為大了。許多已經信的人來承認並公開自己所行的事。又有許多平素行邪術的人把他們的書都拿來，堆積在眾人面前焚燒。他們計算書價，得知共值五萬塊銀錢。這樣，主的道大大興旺，而且普遍傳開了。

＊＊＊

　　以弗所在當時是羅馬帝國中一處信奉黛安娜女神的地方，我們可以從畫的遠處背景裡看到女神的神廟。然而，保羅在此地，以上帝超自然的力量讓人們信服了主耶穌。

　　在插畫中，人們一個接一個地把他們曾經珍視的書籍扔進火裏，要知道，在當時書籍是非常昂貴的，尤其是那些被視為珍貴的祕密與魔法，而保羅就站在臺階上行他的力鼓勵著眾人。

# 保羅在聖殿裏被抓

使徒行傳 21　27-36

　　那七日將完，從亞細亞來的猶太人看見保羅在聖殿裏，就煽動所有的群眾，下手拿住他，喊著：「以色列人哪，來幫忙！這就是在各處教導眾人糟蹋我們百姓、律法和這地方的人。不但如此，他還帶了希臘人進聖殿，污穢了這聖地。」這話是因他們曾看見以弗所人特羅非摩跟保羅一起在城裏，以為保羅帶他進了聖殿。

　　於是全城都騷動，百姓一齊跑來，拿住保羅，拉他出聖殿，殿門立刻都關了。他們正想要殺他，有人報信給營裏的千夫長，說耶路撒冷全城都亂了。千夫長立刻帶著士兵和幾個百夫長，跑下去到他們那裏。他們見了千夫長和士兵，就停下來不打保羅。

　　於是千夫長上前拿住他，吩咐用兩條鐵鏈捆鎖，又問他是甚麼人，做了甚麼事。群眾中有的喊這個，有的喊那個；因為這樣亂嚷，千夫長無法知道實情，就下令將保羅帶進營樓去。

　　保羅一走上臺階，群眾擠得兇猛，士兵只得將保羅抬起來。一群人跟在後面，喊著：「除掉他！」

*＊＊＊*

　　保羅帶著外邦人進入耶路撒冷前，便有許多預言他將遭遇不測，但保羅仍執意前往。在耶路薩冷的聖殿中，他被惡意的猶太人激起群憤抓拿，準備殺死，而千夫長聞訊適時帶兵隔開了保羅與激憤的群眾。

　　這幅畫描繪的正是這一令人激動的場景，在此形成鮮明對比的是，立於右上最高處的千夫長、掙扎的使徒保羅、堅定阻擋群眾的士兵，以及混亂的猶太人——他們正奮力朝著憤怒的仇恨目標前進。

# 船擱淺了

使徒行傳 27 39-44

　　天亮的時候，他們不認得那地方，只見一個有岸可登的海灣，就想法子看能不能把船靠岸。

　　於是他們砍斷纜索，把錨丟到海裏，同時也鬆開舵繩，拉起頭篷，順風向著岸行去。但碰到兩水夾流的地方，就擱了淺，船頭膠住不動，船尾被浪的猛力衝壞了。

　　士兵的意思要把囚犯都殺了，免得有游水脫逃的。但百夫長要救保羅，不准他們任意而行，就吩咐會游水的，跳下水去，先上岸；其餘的人則用板子或船的碎片上岸。這樣，眾人都獲救，上了岸。

*　*　*

　　在耶路撒冷被抓的保羅，要求依律法要向羅馬皇帝上訴，於是便被押解坐船向羅馬行去。不料，行船至第十四天時，竟觸礁擱淺了。

　　圖畫裡呈現的是所有人獲救上岸時的場景，保羅站立著昂首向天，似乎在向上天祈禱著，身邊有囚犯及士兵們緊緊攀附著岩岸及突生的枯樹枝，海面尚有人抓著船的碎片漂游著，而不遠處的船隻已然半沉沒。

# 基督向約翰顯現

啟示錄 1 9-20

　　我——約翰就是你們的弟兄，在耶穌裏和你們一同在患難、國度、忍耐裏有份的，為上帝的道，並為給耶穌作的見證，曾在那名叫拔摩的海島上。有一主日我被聖靈感動，聽見在我後面有大聲音如吹號，說：「把你所看見的寫在書上，寄給以弗所、士每拿、別迦摩、推雅推喇、撒狄、非拉鐵非、老底嘉那七個教會。」

　　我轉過身來要看看是誰的聲音在跟我說話。我一轉過來，看見了七個金燈臺；在燈臺中間有一位好像人子的，身穿垂到腳的長袍，胸間束著金帶。他的頭與髮皆白，如白羊毛，如雪；他的眼睛好像火焰，雙腳好像在爐中鍛鍊得發亮的銅，聲音好像眾水的聲音。他右手拿著七顆星，從他口中吐出一把兩刃的利劍，面貌好像烈日放光。

　　我看見了他，就仆倒在他腳前，像死人一樣。他用右手按著我說：「不要怕。我是首先的，是末後的，又是永活的。我曾死過，看哪，我是活著的，直到永永遠遠；並且我拿著死亡和陰間的鑰匙。所以，你要把所看見的事、現在的事和以後將發生的事，都寫下來。至於你所看見、在我右手中的七顆星和那七個金燈臺的奧祕就是：七顆星是七個教會的使者，七個燈臺是七個教會。」

***

　　約翰受到基督聖靈的感召，看見了令人驚異的事，但是杜雷在這裡卻以平靜畫面呈現，平靜的海面，獨坐岸邊的約翰，手拿著筆與記錄板，準備記下所聽見的種種。唯一的不同是，天上揮灑而下的條條天光。

# 揭開密封之印

## 啟示錄 6 7-8

羔羊揭開第四個印的時候，我聽見第四個活物說：「你來！」

我就觀看，看見一匹灰色馬；騎在馬上的，名字叫作「死」，陰間也隨著他；有權柄賜給他們，可以用刀劍、饑荒、瘟疫、野獸，殺害地上四分之一的人。

\*\*\*

這是約翰被耶穌帶領所看見的啟示中的一幕，就在第四封印被揭開時，死神降臨了。

這幅圖是杜雷作品極被推崇的其中一幅，死神手持長鐮刀，騎著灰馬由天上奔馳而下，後面跟著從地獄而出的各種怪物，這個氣勢是教人凜然的，有一種恐懼逐漸而生之感。

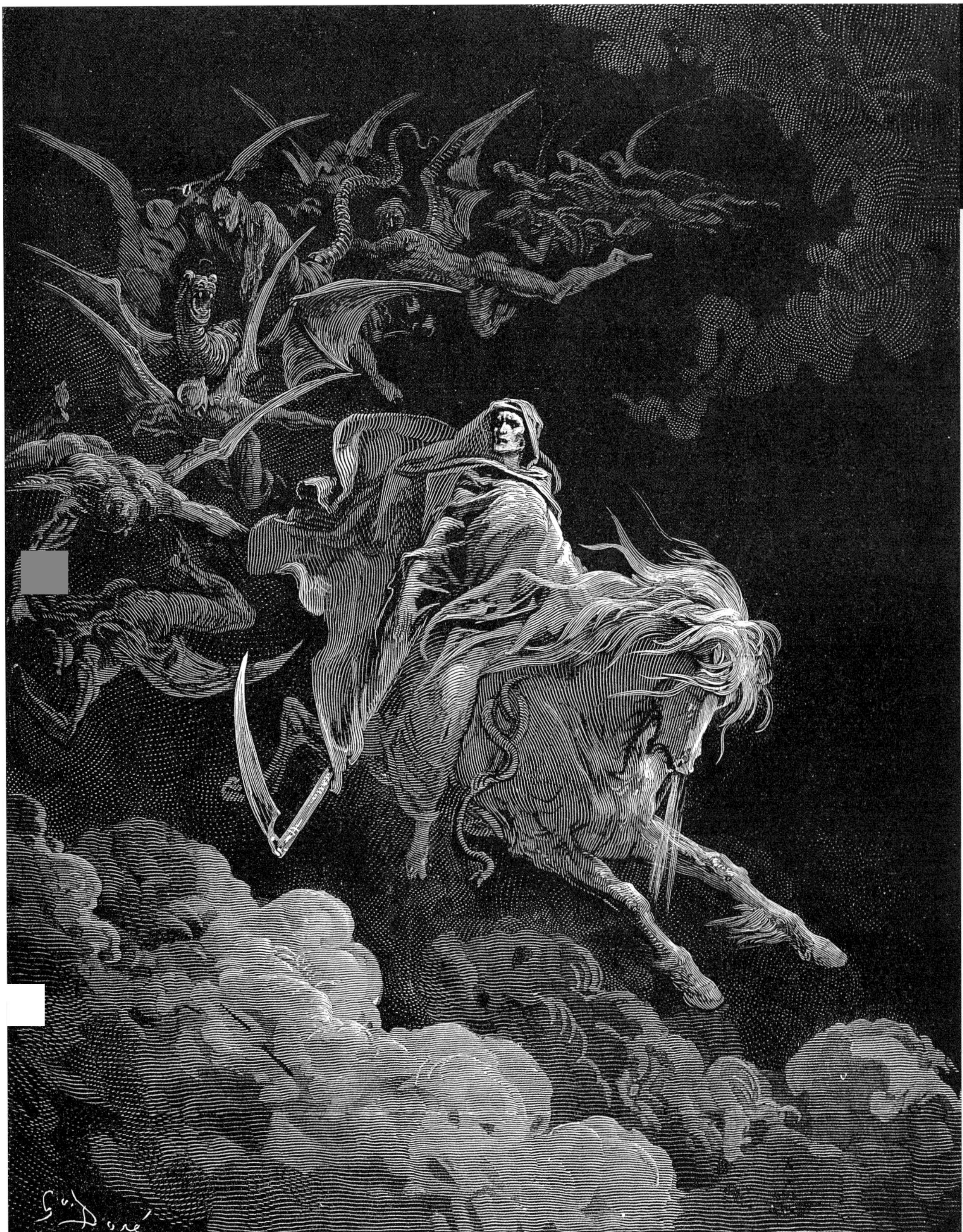
H. PISAN

# 婦人和龍

啟示錄 12  1-18

　　天上出現了一個大兆頭：有一個婦人身披太陽，腳踏月亮，頭戴十二顆星的冠冕；她懷了孕，在生產的陣痛中疼痛地喊叫。天上又出現了另一個兆頭：有一條大紅龍，有七個頭十個角；七個頭上戴著七個冠冕。牠的尾巴拖拉著天上星辰的三分之一，把它們摔在地上。然後龍站在那將要生產的婦人面前，等她生產後要吞吃她的孩子。

　　婦人生了一個男孩子，就是將來要用鐵杖來管轄萬國的；她的孩子被提到上帝和他寶座那裏去。婦人就逃到曠野，在那裏有上帝給她預備的地方，使她在那裏被供養一千二百六十天。

　　天上發生了爭戰。米迦勒同他的使者與龍作戰，龍同牠的使者也起來應戰，牠們都打敗了，天上再也沒有牠們的地方。大龍就是那古蛇，名叫魔鬼，又叫撒但，是迷惑普天下的；牠被摔在地上，牠的使者也一同被摔下去。我聽見在天上有大聲音說：

　　「我上帝的救恩、能力、國度，和他所立的基督的權柄現在都來到了。因為那個在我們上帝面前、晝夜控告我們弟兄的，已經被摔下去了。弟兄勝過那條龍是因羔羊的血，和因自己所見證的道。雖然至於死，他們也不惜自己的性命。所以，諸天和住在其中的，你們都快樂吧！只是地和海有禍了！因為魔鬼知道自己的時候不多，就氣憤憤地下到你們那裏去了。」

　　龍見自己被摔在地上，就迫害那生男孩子的婦人。於是有大鷹的兩個翅膀賜給婦人，讓她能飛到曠野，到自己的地方，躲避那蛇。她在那裏受供養一載二載半載。蛇在婦人背後，從口中噴出水來，像河一樣，要將婦人沖走。地卻幫助了婦人，開口吞了從龍口噴出來的水。於是龍向婦人發怒，去與她其餘的兒女作戰，就是與那些遵守上帝命令、為耶穌作見證的。那時龍站在海邊沙灘上。

*** 

　　在這一則啟事中，杜雷以天使與龍的大戰為主題，架構了一個善與惡征戰的磅礴場面。我們可以看到那婦人腳踏月亮、頭上環繞著一圈星輪冠冕、手上抱著孩子，高高地佇立在雲層之上，而他的周邊、下方，不斷湧出執劍的天使，撲向下方陰暗中的紅龍。

# 巴比倫傾覆

啟示錄 18 1-8，21-24

　　此後，我看見另一位有大權柄的天使從天降下，地由於他的榮耀而發光。他以強而有力的聲音喊著說：

　　「傾覆了！大巴比倫傾覆了！她成了鬼魔的住處，各樣污穢之靈的巢穴，各樣污穢之鳥的窩，各樣污穢可憎之獸的出沒處。因為列國都喝了她淫亂大怒的酒；地上的君王和她行淫；地上的商人因她極度奢華而發了財。」

　　我又聽見另一個聲音從天上說：「我的民哪，從那城出來吧！免得和她在罪上有份，受她所受的災殃；因她的罪惡滔天，上帝已經記得她的不義。她怎樣待人，也要怎樣待她，按她所行的加倍地報應她；用她調酒的杯加倍調給她喝。她怎樣榮耀自己，怎樣奢華，也要使她照樣痛苦悲哀。因她心裏說：『我坐了皇后的位，並不是寡婦，絕不至於悲哀。』所以在一天之內，她的災殃要一齊來到，就是死亡、悲哀、饑荒。她將被火燒盡，因為審判她的主上帝大有能力。」

　　有一位大力的天使舉起一塊石頭，好像大磨石，扔在海裏，說：「巴比倫大城也必這樣猛力地被扔下去，絕對見不到了。彈琴、歌唱、吹笛、吹號的聲音，在你中間絕對聽不見了；各行手藝的技工在你中間絕對見不到了；推磨的聲音在你中間絕對聽不見了；燈臺的光在你中間絕對不再照耀了；新郎和新娘的聲音在你中間絕對聽不見了。你的商人原來是地上的顯要；萬國也被你的邪術迷惑了。先知、聖徒和地上一切被殺的人的血都在這城裏找到了。」

\*\*\*

　　《聖經》中，在這一段落裡，約翰看到邪惡之城巴比倫化身為一淫婦，繼而遭受審判，不斷有天使出來訴說巴比倫的不堪，與將受到的毀滅。

　　此圖中，我們只看到已然破敗衰頹的巴比倫，四處殘垣敗瓦，在左邊，一個人面獅身獸浮雕站在搖搖欲墜的衰敗中，強烈提醒著這座城市昔日的榮耀和威望。遠處有動物在觀望，並有烏鴉群集飛翔，天上烏雲密布，僅僅透空一處，露出一抹月光，照著這個已然頹敗的城市。

# 末日的審判

啟示錄 20 11-15

　　我又看見一個白色的大寶座和那坐在上面的；天和地都從他面前逃避，再也找不到它們的位置了。我又看見死了的人，無論大小，都站在寶座前。

　　案卷都展開了，並另有一卷展開，就是生命冊。死了的人都憑著這些案卷所記載的，照他們所行的受審判。

　　於是海交出其中的死人，死亡和陰間也交出其中的死人；他們都照各人所行的受審判。死亡和陰間也被扔進火湖裏，這火湖就是第二次的死。凡名字沒有記在生命冊上的人，就被扔進火湖裏。

* * *

　　杜雷在這幅畫裡，以平視與仰視的角度來呈現這末日死亡審判的場面。

　　最上方，我們看到極致的耀眼光芒，光芒中坐著兩個形象，其中一位似乎持著十字架，那應該是天父與耶穌吧。再下一層，有一位大天使執劍居中站立，其四周圍及後方有眾多天使隨著吹號不斷湧出。再下方平視的這一層，有大量的人從雲層中不斷冒出來，他們狀似痛苦不堪，但在天使的指揮下，一一墜下無底的深淵。

# 新耶路撒冷

啟示錄 21 9-27

拿著七個金碗、盛滿末後七種災禍的七位天使中，有一位來對我說：「你來，我要給你看新娘，就是羔羊的妻子。」

我在聖靈感動下，天使帶我到一座高大的山，給我看由上帝那裏、從天而降的聖城耶路撒冷，這城有上帝的榮耀，它光輝如同極貴的寶石，好像碧玉，明如水晶。它有高大的牆，有十二個門，門上有十二位天使，門上又寫著以色列人十二個支派的名字。東邊有三個門，北邊有三個門，南邊有三個門，西邊有三個門。城牆有十二個根基，根基上有羔羊十二使徒的名字。

那對我說話的天使拿著金的蘆葦當尺，要量那城、城門和城牆。城是四方的，長寬一樣。天使用蘆葦量那城，共有一萬二千斯他迪，長、寬、高都是一樣。他又量了城牆，按著人的尺寸，就是天使的尺寸，共有一百四十四肘。牆是碧玉造的；城是純金的，如同明淨的玻璃。城牆的根基是用各樣寶石修飾的：第一個根基是碧玉，第二是藍寶石，第三是綠瑪瑙，第四是綠寶石，第五是紅瑪瑙，第六是紅寶石，第七是黃璧璽，第八是水蒼玉，第九是紅璧璽，第十是翡翠，第十一是紫瑪瑙，第十二是紫晶。十二個門是十二顆珍珠；每一個門是一顆珍珠造的。城內的街道是純金的，好像透明的玻璃。

我沒有看見城內有殿，因主——全能者上帝和羔羊就是城的殿。那城內不用日月光照，因為有上帝的榮耀光照，又有羔羊為城的燈。列國要藉著城的光行走；地上的君王要把自己的榮耀帶給那城。城門白晝總不關閉，在那裏沒有黑夜。人要將列國的榮耀尊貴帶給那城。凡不潔淨的，和那行可憎與虛謊之事的人，都不得進那城，只有名字寫在羔羊生命冊上的才得進去。

\*\*\*

天使帶著約翰立於山頭，看向天光普照下的新耶路薩冷，而聖城在光線的照耀下反射出亮麗的光芒，這裡將是良善之人的終歸之地，而所有的不潔之物都將被餅棄於外。

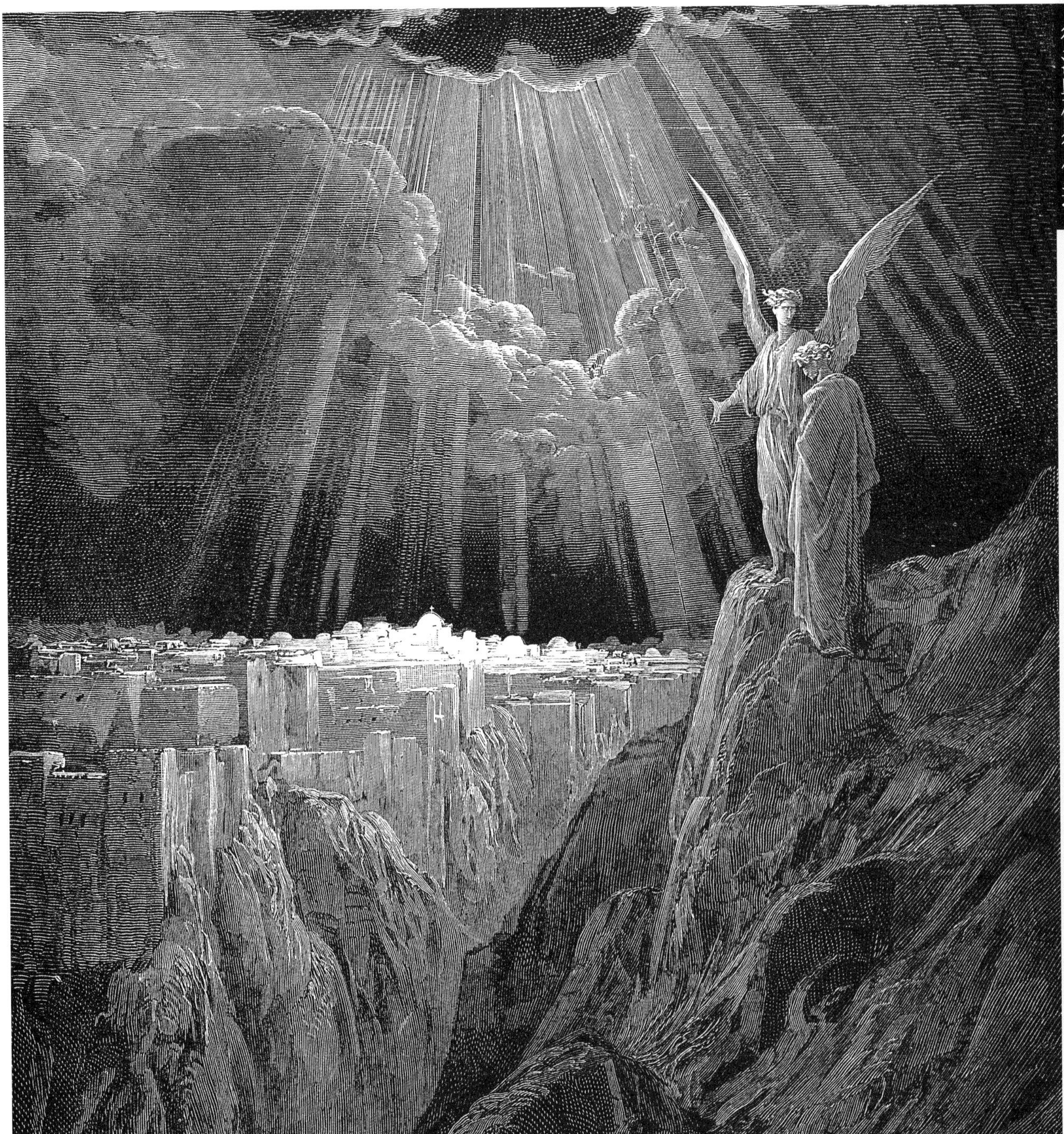
H. PISAN.

心靈貧窮的人有福了！因為天國是他們的。

哀慟的人有福了！因為他們必得安慰。

謙和的人有福了！因為他們必承受土地。

飢渴慕義的人有福了！因為他們必得飽足。

憐憫人的人有福了！因為他們必蒙憐憫。

清心的人有福了！因為他們必得見上帝。

締造和平的人有福了！因為他們必稱為上帝的兒子。

為義受迫害的人有福了！因為天國是他們的。

馬太福音 5

*Image*
*02*